EL GÓTICO Y EL RENACIMIENTO EN LAS ANTILLAS

Diego Angulo Íñiguez (Valverde del Camino, 18 de julio de 1901 - Sevilla, 5 de octubre de 1986), historiador del arte español y del colonial americano. Vinculado desde 1922 al Museo del Prado, llegó a ser su Director en el período 1968-1971. Impulsó los estudios de arte colonial latinoamericano en la academia española, impulsando el monumental proyecto *Historia del Arte Hispanoamericano* (1945-1950), del cual esta obra, *El gótico y el Renacimiento en las Antillas* formaría parte, aunque se publicó de manera aparte en 1957. Dentro de su gran cantidad de publicaciones, hay que destacar *La escultura en Andalucía* (1927), *Planos de monumentos arquitectónicos de América y Filipinas existentes en el Archivo de Indias de Sevilla* (1933), *Bautista Antonelli. Las fortificaciones americanas del siglo XVI* (1942), *Velázquez: como compuso sus principales cuadros* (1947), *Historias del arte* (1953), *Pintura del siglo XVII* (1971) e *Historia de la pintura española. Escuela toledana de la primera mitad del siglo XVII* (1972).

El Gótico y el Renacimiento en las Antillas:
Arquitectura, escultura, pintura, azulejos, orfebrería.

Diego Angulo Íñiguez

Edición de Miguel D. Mena

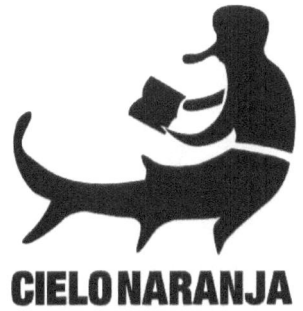

CIELO NARANJA

Primera edición:
Escuela de Estudios Hispano-Americanos, Sevilla, 1947.
Segunda edición: Ediciones Cielonaranja, 2013.

EDICIONES CIELONARANJA.
Calle Jerónimo de Peña 13, San Carlos,
Santo Domingo, Rep. Dominicana
http://www.cielonaranja.com

webmaster@cielonaranja.com

Índice

*A la Junta de Relaciones Culturales
gracias a la cual he podido visitar los
monumentos estudiados en este trabajo*

EL GÓTICO Y EL RENACIMIENTO
EN LAS ANTILLAS

D urante el curso de 1934-1935, recibí de la Junta de Relaciones Culturales y del entonces Centro de Estudios de Historia de América de la Universidad de Sevilla, una pensión para visitar Méjico, Cuba y Santo Domingo. Después de recorrer Méjico, esperé inútilmente que se restableciese la normalidad en Cuba y, agotado el tiempo disponible, hube de regresar sin haber podido visitar aquella isla; como consecuencia de ello, tuve que renunciar también a la de Santo Domingo. Cuando la Casa Editorial Salvat me encargó en 1942 la *Historia del Arte Hispano Americano,* no cabía pensar en un nuevo viaje, pero gracias a la abundante información fotográfica lograda por conducto del gran conocedor de la Historia de Santo Domingo, mi paisano Fray Cipriano de Utrera, pude escribir el capítulo de la arquitectura del siglo XVI en aquella Isla, dando a conocer casi todo lo que fundamentalmente era digno de incluirse en un tratado de conjunto de esa naturaleza.

A los dos años de publicado ese primer volumen —estaba a la venta en 1944, aunque lleva pie de 1945— gracias a una nueva pensión de la Junta de Relaciones Culturales, no sólo he podido recorrer Cuba y Santo Domingo, sino extender mi itinerario hasta Puerto Rico y Jamaica.

Como en el tomo segundo de la *Historia del Arte Hispano Americano,* sólo serán estudiados los monumentos de los siglos XVII y XVIII, daré a conocer los materiales referentes al siglo anterior reunidos durante ese viaje.

Arquitectura
Santo Domingo

LA IGLESIA DE SANTO DOMINGO

L a iglesia de Santo Domingo, sufrió una importante reconstrucción a mediados del siglo XVIII. Nos lo recuerda la inscripción esculpida en el friso de su portada principal que dice así: "Ymperial conv. edificado por el Emperador Carlos V año de 1507 del que aviendose destruido cuatro tramos que eran de vea los reedifico el R. P. Pred. Gen. F. Jph. Hern⁵ Castell°ˢ siendo Ac. P. A. 1746" [1]. Pero, a pesar de esa importante reforma, la iglesia de Santo Domingo continúa siendo una de las más interesantes de la Isla del siglo XVI y merece mayor atención de la que hasta ahora se le ha concedido.

En efecto, aunque los cuatro tramos de los pies, seguramente, los que según la inscripción debieron de reconstruirse, son lisos, tienen bóveda de cañón y difieren del resto del templo; éste conserva fundamentalmente su estructura gótica primitiva, y sus capillas muestran una bella colección de retablos de piedra, yeserías y azulejos de cuenca de la decimosexta centuria.

Es templo de una sola nave bastante amplia, capilla mayor poligonal y crucero de curiosa estructura. Manifiéstanse los brazos de éste en la planta y en la elevación de las bóvedas, pero la presencia de éstas en el efecto de conjunto del interior del templo, se encuentra notablemente aminorada por la escasa altura del gran arco escarzano que separa los brazos de la nave central. Probablemente para disminuir el peso del muro que sobre él carga, y, tal

---

[1] El cero del año 1507, evidente error, está tachado por una línea vertical, probablemente un 1.

vez, para lograr una mayor iluminación, lo ha horadado el arquitecto con seis ventanas distribuidas en dos grupos de a tres.

Pero no se reduce a esto la singularidad del crucero. Entre esos grupos de tres ventanas aparece hoy como elemento puramente decorativo una pilastra sobre una ménsula piramidal que, tal vez se pensó en su origen para recibir la bóveda del tramo del crucero trazada en forma diferente de la actual. Cual sea el origen concreto de toda esta estructura, es problema que me limitaré a dejar planteado. Los puntos de contacto que podrían indicarse con los arcos formeros y bóvedas de Santa Ana de Triana (Sevilla), son demasiado remotos, y sólo merecen recordarse por la estrecha comunicación artística existente por estos años entre la capital andaluza y la antigua Isla Española[2] (Fig. 1).

Particularmente interesante por la complicada traza de sus nervios, es la bóveda del sotocoro. Sin coincidir con ninguna de ellas, parece mostrar cierto parentesco con obras andaluzas, como las bóvedas de la Cartuja de Jerez, o la de la Santa María de Medina Sidonia.

Encuadrada por el entablamento y las pilastras barrocas, conserva todavía la portada principal del templo el arco apuntado gótico primitivo, con molduras que quieren ser renacentistas. Sus enjutas aparecen decoradas por azulejos sevillanos de cuenca del siglo XVI a que me referiré más adelante, y a esa misma época deben

---

[2] No creo que la iglesia de Sto. Domingo, ni la de S. Francisco, tengan relación alguna con el tipo de iglesia catalana sino en cuanto pueda éste haber contribuido a formar el tipo de iglesia de tiempos de los Reyes Católicos. Tampoco creo en la influencia de la Catedral de Palma de Mallorca en la de Santo Domingo, tesis defendida por Waterman (*The Gothic Architecture of Santo Domingo*). "Bull. of the Pan American Unión", 1943, pp. 312. Puesto que me refiero a la catedral, llamaré la atención sobre la actual ventana abierta en la ochava de lado de la Epístola de su capilla mayor. Debe de ser la especie de alacena en que se colocaba el Santísimo.

Agradezco muy sinceramente a la señorita Brine sus activas gestiones para conseguirme una copia del artículo de Waterman.

de pertenecer las dos hornacinas en que rematan los pedestales laterales.

De gran importancia para la historia de la arquitectura hispano americana, es la serie de retablos platerescos[3] conservados en el templo, por desgracia, horrorosamente repintados no hace muchos años[4]. El más importante, el del Crucificado del brazo del crucero de la Epístola, está formado por un arco escarzano con casetones en su intradós sobre columnas abalaustradas y traspilares. (Fig. 2).

Decoran su friso roleos con bucranes en sus centros y encuadran el conjunto lateralmente ramos de fruta pendientes de una cinta. Su estilo parece sevillano.

Más sencillo, pero de la misma composición, y repintado con idéntico mal gusto, es el retablo de la primera capilla del lado de la Epístola. Se ha prescindido en él de la parte del friso, y de los pendientes laterales de frutas. La bóveda de nervios de la capilla está decorada con querubes y arandela renacentista. Tanto la bóveda como el retablo, debieron de labrarse hacia 1535, pues según la lápida moderna en ella conservada, el patrono, Diego Solano, murió en ese año. (Fig. 3).

De este mismo tipo, aunque peor conservado, existe otro retablo en el lado del Evangelio.

En el crucero de ese mismo lado, la influencia andaluza se intensifica aún más. Desgraciadamente, un horrible e insignificante retablo moderno de la Virgen del Cobre destruye el bello conjunto, ocultando un hermoso zócalo de azulejos de cuenca y parte de las

---

[3] No se estudian en el reciente artículo de Palm dedicado a los monumentos de este estilo a que me refiero en nota posterior, ("Journal of Architectural Historians", 1946-1947).

[4] El actual rector de la Compañía de Jesús a que está encomendado el templo, tiene el laudable propósito de hacer desaparecer esta horrorosa pintura, que destruye la belleza de uno de los templos más interesantes de Santo Domingo. También haría muy bien en trasladar de sitio, o en dar distinta forma, al retablo moderno de la Virgen del Cobre, que oculta unas yeserías renacentistas y parte de uno de los zócalos de azulejo más importantes conservados en la Isla.

yeserías, más a pesar de todo, el que penetra por la puerta lateral del templo y se encuentra de pronto ante ese rincón, puede creerse en la capilla de alguna iglesia sevillana del siglo XVI. En uno de sus lados, los yesos revisten el lienzo del muro hasta el arranque mismo de la bóveda, dejando en su parte central un hueco para un retablo encuadrado por dos pilastras, y dos laterales en que se abren hoy otras tantas ventanas pequeñas. El interior de las jambas de éstas y de sus dinteles, aparece igualmente decorado con yeserías. En el otro lado del ángulo del crucero, los yesos se limitan a encuadrar la estrecha faja de pared que hoy tan torpemente rebasa el retablo de la Virgen del Cobre. (Figs. 4 y 5).

La decoración renacentista en yeso dejó en la Península creaciones de primer orden e incluso hizo famosos a arquitectos y decoradores como los Corral, de Valladolid. En Sevilla, la tradición de las yeserías moriscas se encontraba en pleno vigor al introducirse el cuatrocentismo italiano, y no fue difícil decorar con las nuevas formas por este viejo procedimiento fácil y económico, tanto los palacios como los templos. Hecho un molde, se vaciaba sobre él cuantos ejemplares eran necesarios, pudiendo recubrirse sin mayor trabajo grandes superficies de muro. Era, en cierto modo, el procedimiento hermano del azulejo de cuenca.

Las yeserías de la iglesia de Santo Domingo son, sin duda, del autor de las que decoran el sepulcro de don Rodrigo de Bastidas en la Catedral, a que después me referiré.

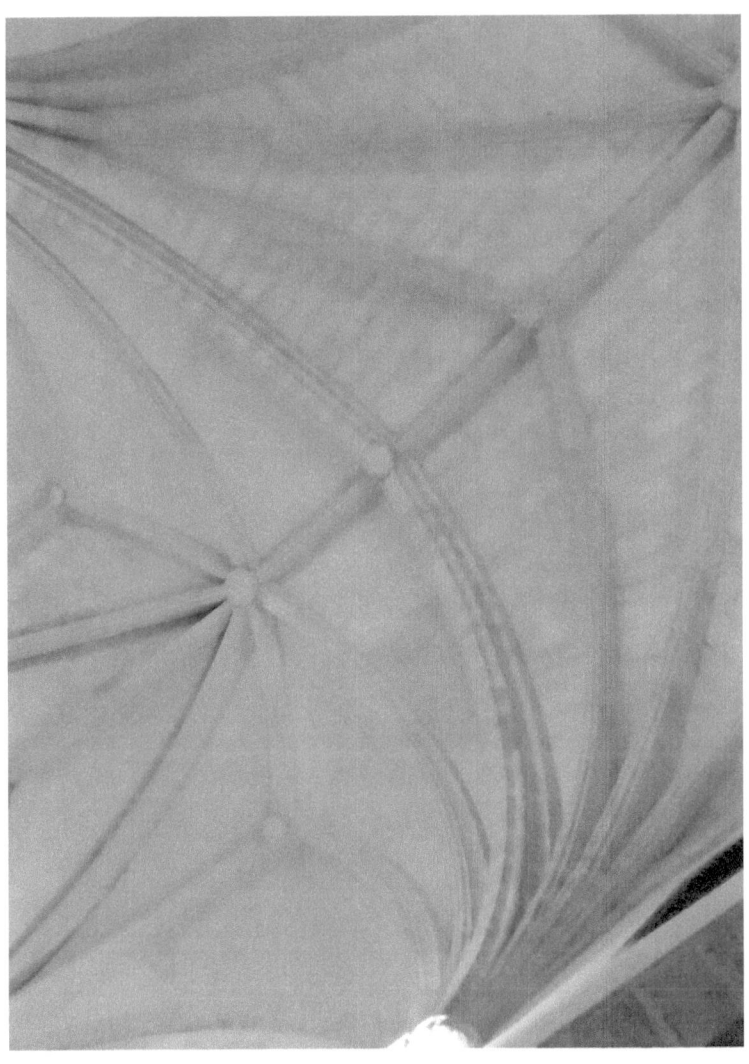

Fig. I.—Bóvedas del crucero de la iglesia de Santo Domingo.

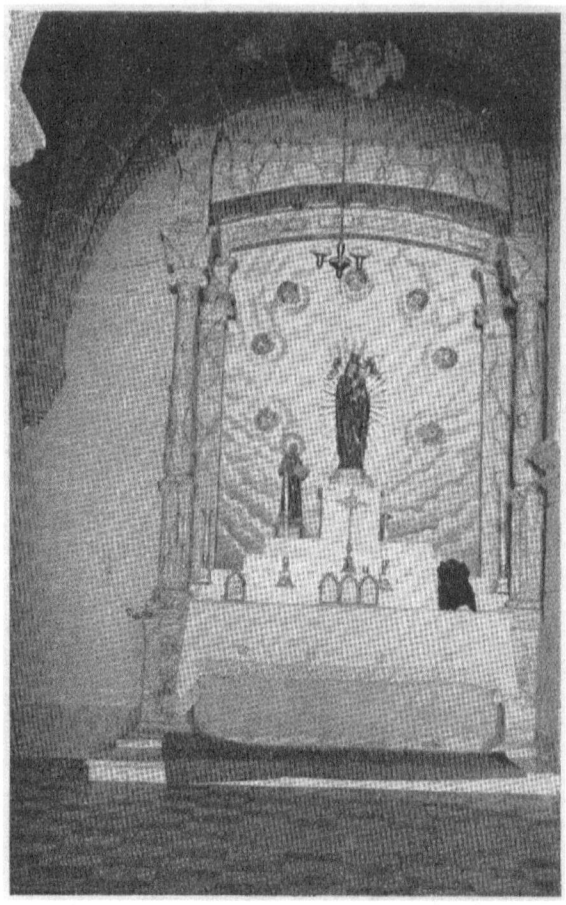

Figs. 2. —Retablos de la iglesia de Santo Domingo. Santo Domingo.

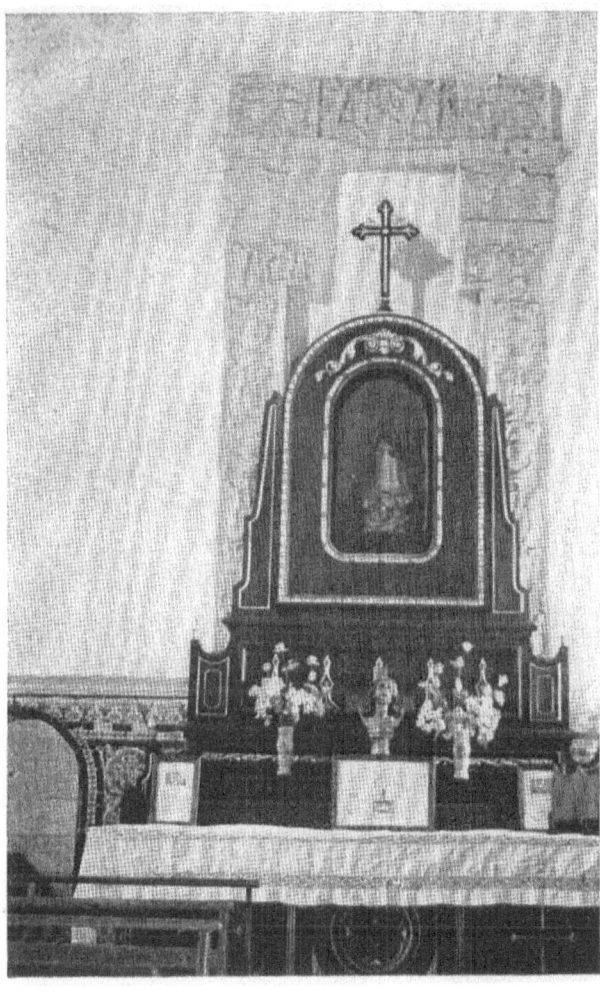

Figs. 3 .—Retablos de la iglesia de Santo Domingo. Santo Domingo.

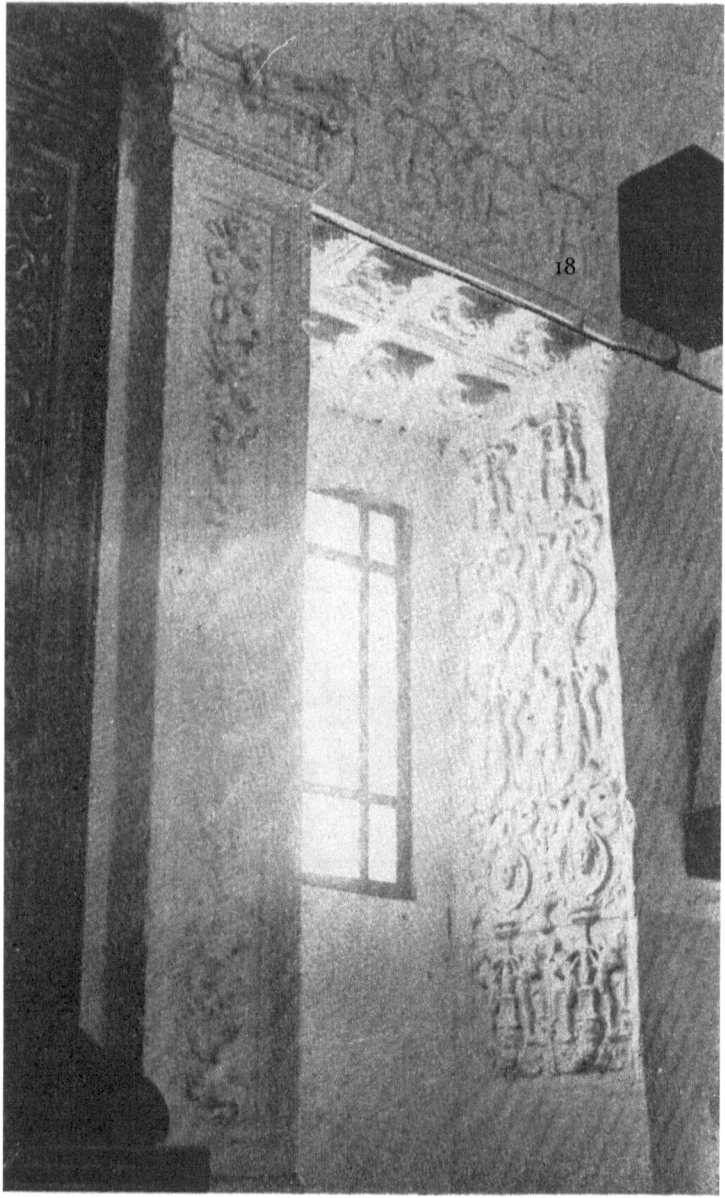

Figs. 4. —Yeserías de la iglesia de Santo Domingo. Santo Domingo.

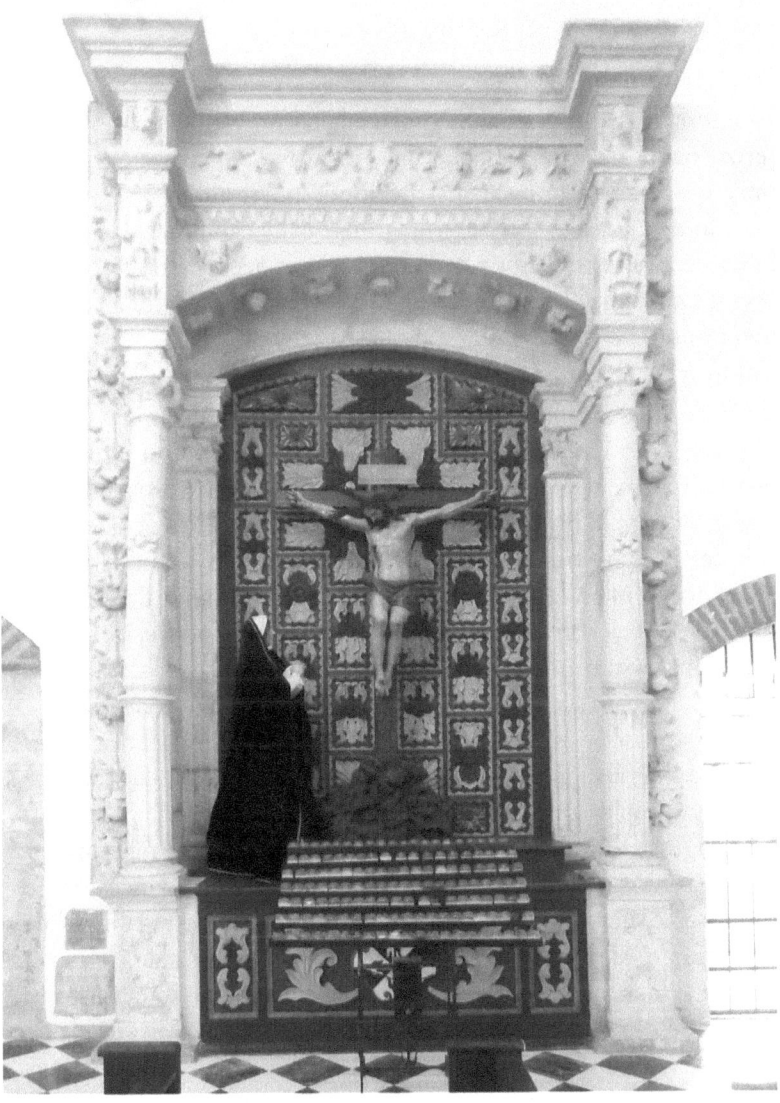

Figs. 5 —Yeserías de la iglesia de Santo Domingo. Santo Domingo.

Santa Bárbara

La iglesia de Santa Bárbara, emplazada en un viejo barrio de canteros, oculta tras su fachada, una primitiva construcción gótica muy desfigurada por reconstrucciones posteriores. Era y es el templo de una nave con cabecera poligonal y capillas laterales; los hilos de perlas isabelinos que decoran sus arcos apuntados y la cornisa de la capilla mayor, obligan a fechar estas partes en la primera mitad del siglo XVI.

Según B. Pichardo[5], la iglesia fue edificada por el Padre Antonio, algunos años después de la Catedral, pero al decir del Padre Utrera, la noticia carece de fundamento. Consta, sin embargo, que en 1535 se deja una limosna de cuatro pesos de oro "a la obra de señora sancta Bárbara". Es cierto que Fray Andrés de Carbajal, al hacer relación en 1571 de los beneficios eclesiásticos existentes, cita, "dos iglesias, la catedral y la otra perrochia que se llama Santa Bárbara, cuyos edificios son buhío de paja harto pobre, porque la perrochia es tan pobre y la ciudad, que no an tenido ni tienen posibilidad para hacerla de piedra ni de tapia". Yo dudo mucho, sin embargo, que esos arcos apuntados con perlas puedan ser posteriores a esa fecha. Sospecho que el templo debió de quedar muy destruido por el terremoto de 1562. Tal vez, hubo de cubrírsele de paja, justificando esa calificación de bohío; en los memoriales suele exagerarse la ruina y la pobreza para forzar la concesión de fondos. Lo cierto es, que en 1575 se asegura que está labrándola el canónigo Alonso de Peña. Dice de él, Fray Andrés de Carbajal: "ha servido a Dios y a Y. M. en la reedificación de muchas yglesias; la de Nuestra Señora de Altagracia que es un relicario, la de la Cibdaa de Santiago; la que se está haciendo en esta Cibdad ques la perrochia de Sancta Barbora, en la cual gasta su tiempo y buena

---

[5] *Reliquias históricas*, cit. por Utrera, *Dilucidaciones*, 220. Véanse también "Bol. Archivo Nación". 1941. p. 229, y Palm, *La Arquitectura del siglo XVIII en Santo Domingo*, 1942, p. 7.

parte de su hacienda". Supongo que Peña lo que hizo fue reedificarla, aprovechando los arcos citados. En 1591 se asegura[6] que destruyó el templo un huracán. En el siglo XVIII sufre otra importante reforma, a que se deben las líneas barrocas de su fachada[7].

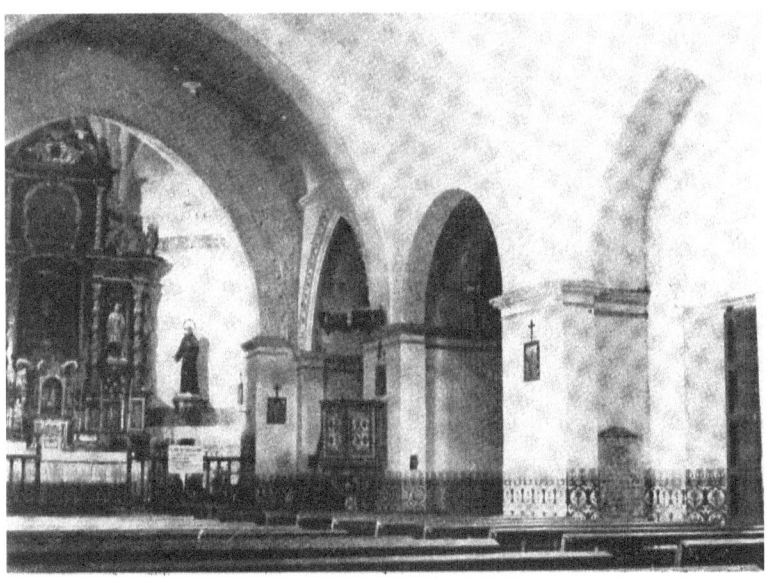

Iglesia de Santa Barbara, interior.

---

[6] Colección Lugo. "Bolet. Arch. Nación". IV (1941) 229.
[7] Compuesto lo anterior, recibo artículo en que Palm (*Monuments of Hispaniola* "Journal of the Society of Arcliitectural Historians" V. 1946-1947, p. 3), no piensa en que pueda conservarse nada del edificio primitivo.

SANTA CLARA

La iglesia del convento de Santa Clara, muy alterada por reconstrucciones posteriores, debe de ser en su origen, probablemente un edificio del siglo XVI o principios del XVII. Es de una nave, de cabecera plana y arcos transversales apuntados. Los dos tramos del testero, se cubren con bóvedas decoradas por grandes casetones, que apoyan en sus extremos sobre los arcos de las capillas laterales. Las pilastras que reciben los arcos de los tramos no abovedados son menos elevadas que las restantes, delatando, tal vez, una diferente etapa de la construcción, y en la parte correspondiente al coro una triple arquería con alfices sobre columnas, pone la nota medio renacentista y medio morisca de los claustros conventuales sevillanos.

Los datos útiles que pueden relacionarse con la edificación del convento, son los siguientes[8]. En 1556, se dice que las monjas habían llegado cuatro años antes, que tenían buenos edificios, ingresos abundantes y sumaban ya no menos de treinta. Drake quema la iglesia, y en 1586 concede el monarca 4.000 ducados. Una lápida conservada al pie del presbiterio nos dice que se reedificó en 1608. Reza así: "Reedifico esta capilla i sv enti° Don Rodrigo Pimentel Patrono de este convento de Santa Clara año de 1608". En la fachada lateral del templo se conserva todavía un escudo muy encalado y difícil de interpretar, pero de estilo plateresco, que debió de decorar la clave de un arco, o el centro de un dintel.

---

[8] Utrera. *Dilucidaciones.*

San Lázaro

Al referirse Palm[9] en reciente artículo, a los antiguos hospitales de la Española, afirma que el terremoto de 1751 destruyó todo lo hasta entonces edificado. La iglesia de San Lázaro y sus dependencias han sufrido diversas reconstrucciones a que se refieren los datos documentales publicados por Fray Cipriano de Utrera[10]. Un estudio detenido del edificio, tal vez permitiría relacionar lo conservado con algunas de esas noticias documentales. Pero, de todos modos, puedo asegurar que en mi rápida visita encontré parte que se remonta al siglo XVI. Me refiero a la antigua capilla cubierta por bóveda de crucería que corresponde aproximadamente a una de las puertas laterales del templo, la más próxima a los pies. Que esa pieza cuadrada perteneció desde su origen a San Lázaro, lo atestigua el hecho de que la figura del santo decora la clave de su bóveda[11].

---

[9] *Hospitales antiguos de la Española*, "Multa paucis medica". Méjico, III. 1946, sep. p. 67.

[10] *Dilucidaciones*. 251.

[11] Aunque no estoy seguro de ello, creo que la puerta antes aludida podría ser del siglo XVII tal vez de mediados, pero, desde luego, insisto en que no estoy seguro. Convendría ver si esa puerta corresponde exactamente al eje de la capilla gótica. En este caso no sería imposible que tenga su origen en la del primitivo templo, Convendría ver también si en la capilla de bóveda de crucería existe arco que permita su identificación con la capilla mayor de un templo primitivo orientado en sentido distinto del actual. Dos puertas laterales en iglesias de una nave, sólo las recuerdo frecuentes en iglesias de conventos de monjas de cierta longitud; en el caso de San Lázaro me despierta sospecha de aprovechamiento de obras anteriores.

La Capilla de Altagracia
y el Hospital de San Nicolás

De la gran fundación hospitalaria de San Nicolás han sobrevivido dos partes: las ruinas del hospital construido en el segundo cuarto del siglo, y la vieja capilla de Altagracia. Del conjunto de aquellas construcciones, tal como se encontraban en el siglo XVIII, publiqué hace años los planos conservados en el Archivo de Indias, y del Hospital hoy en ruinas estudié su planta y distribución, procurando situarlo dentro de la historia de nuestra arquitectura. La falta de información gráfica me impidió referirme a la vieja capilla de Altagracia incorporada a la moderna iglesia de esa advocación, que se construyó fundamentalmente sobre su pórtico interior o corredor y sobre el patio inmediato que aparece en los planos del Archivo de Indias[12]. La capilla consta de dos tramos cuadrados cubiertos por bóveda de crucería de tercelete; en el correspondiente a la puerta, los nervios que ligan la clave central con las secundarias se prolongan hasta los arcos formeros y torales. El tercer tramo de los pies, que es moderno, tal vez, no llegó a cubrirse con bóveda de crucería, al menos, sin ella se le cita a fines del siglo XVIII[13]. (Figs. 6 y 7).

Más interesante que la estructura de la capilla, es la portada exterior que aún se conserva. De ladrillo, sencilla, de jambas planas y lisas con baquetones cilíndricos en el ángulo, su estilo andaluz salta a la vista. Nombres como el del Antón Gutiérrez Navarrete, albañil de Carmona contratado por los mercedarios de la Española en 1524 para trabajar a su servicio, acuden fácilmente a la memoria. La fecha exacta de la construcción de la capilla no se conoce con seguridad, pero probablemente debe de ser la de hacia

---

[12] *Planos, en el Archivo de Indias*, láminas 33 y 33. *Historia del arte hispanoamericano, I.* fig. 19.

[13] *Planos, Catálogo I.* 50.

1519, en que se edificó la parte que en 1577 se consideraba vieja[14]: "lo que agora se dice lo viejo".

En cuanto al Hospital del segundo cuarto del siglo, el mejor conocedor de la historia de Santo Domingo, Fray Cipriano de Utrera, ha podido precisar ahora su fecha de terminación, que antes se suponía hacia 1549, en el año de 1552 y la de comienzo[15] en 1533.

Antes de visitar el monumento, juzgando por los planos del siglo XVIII, había dado por supuesto que, en parte por razones de economía y, en parte por la mucha anchura del conjunto de las tres naves, se desistió de construir los patios. Palm, en reciente artículo[16] —el Hospital ha sido objeto en 1946 de no menos de tres artículos— insiste en lo mismo aludiendo a lo extremadamente corto de sus brazos transversales. Ahora, después de mi rápida visita, he podido comprobar que efectivamente lo son, y mucho, en su parte occidental, debido a la gran superficie ocupada con las tres naves de los pies, pero que no lo son tanto en el lado opuesto. No quiero decir con esto que se llegasen a construir los dos patios del testero, mas sí que en esos dos patios, hoy terrizos, existe un problema al que no se ha hecho referencia. Creo que lo plantean las ménsulas de piedra conservadas todavía a uno de los lados de las dos puertas (21 y 22) de la gran nave oriental, o D del plano[17] de 1783. Esas ménsulas sirvieron seguramente de arranque a un arco. ¿Dónde terminaba ese arco? Casi seguramente en un soporte que se encontraba a una distancia correspondiente a la del

---

[14] Documento publicado por Utrera en *La Inmaculada Concepción* (Santo Domingo, 1946), Pág. 25.

[15] Ibídem 25. *El Hospital de San Nicolás*. "El Misionero Franciscano". IV. Santo Domingo, 1946. núm. 39, p. 4. Palm. *El Hospital de San Nicolás*, en "Bol. de Investigaciones Históricas", Buenos Aires, t. 29, 1946, había supuesto que en 1541.

[16] *Hospitales Antiguos de La Española*, "Multa paucis Medica" III, 1946, septiembre-octubre.; 57.

[17] Reproducido en mi *Historia*, fig. 109. Adviértase que el muro que forma la contigua sala F. falta en el plano de 1776. Véanse *Planos en el Archivo de Indias*, lám. 35.

ancho de las naves laterales de los pies. Me hace pensar en ello la existencia de otra ménsula hermana, en el lugar correspondiente del muro oriental del brazo del crucero de la Epístola, e inmediata también a la puerta que comunica éste con el patio S. E. ¿Qué soportes recibían los arcos apoyados en esas ménsulas? No me atrevo a decidirme. ¿Hubo o se proyectaron también en el testero tres naves? Adviértase que en la puerta señalada en el plano citado de 1783 con el número 4, se conserva otra ménsula análoga. ¿Apoyaron por el contrario en el pilar o columna del ángulo de las galerías del patio? Tal vez una pequeña excavación podría resolver el problema. Tal vez un recuento minucioso, y un estudio de los fustes y de los capiteles conservados podría decirnos si esos claustros llegaron a construirse. En mi rápida visita me parecieron unos y otros demasiado numerosos para no haber existido algún claustro con arquería. (Figs. 8 a 13). Varios de esos capiteles eran para columnas exentas y no adosadas, y de éstas sólo registran los planos de Sevilla las del corredor o pórticos de la capilla de Altagracia que, por otra parte, si son de su misma época no serían probablemente de estilo renacentista.

Todo ello prueba que debe hacerse un buen plano de las ruinas, y que éstas deben estudiarse detenidamente, pues tampoco es indudable que, al menos, el brazo del crucero de la Epístola se planease desde un principio con la escasa profundidad que hoy presenta.

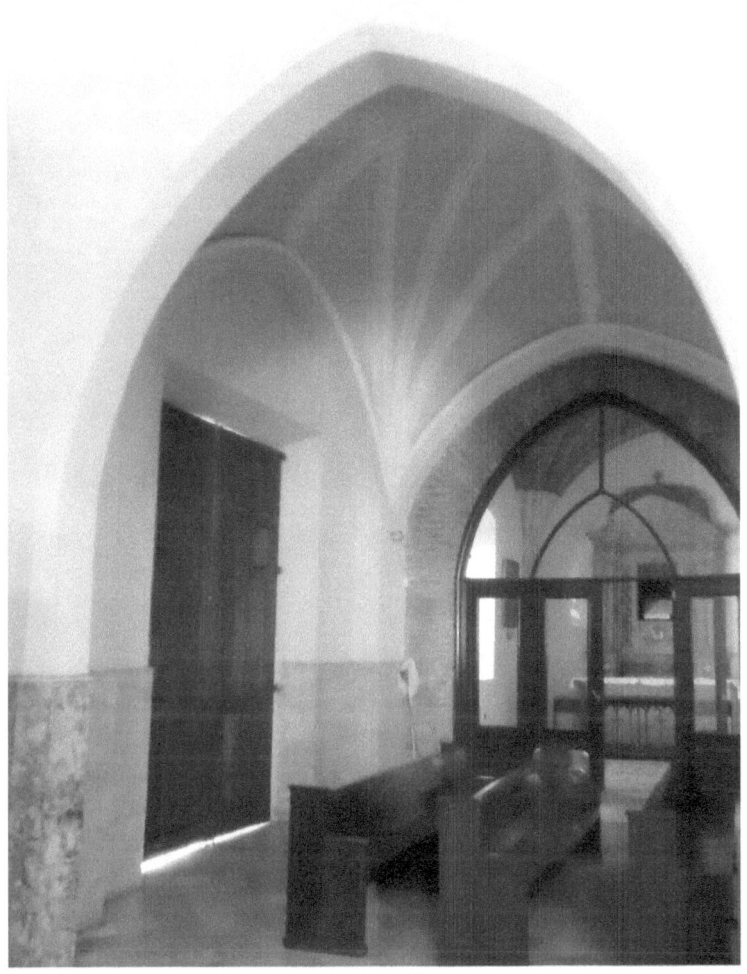

Figs. 6.—Capilla de Altagracia. Santo Domingo.

28

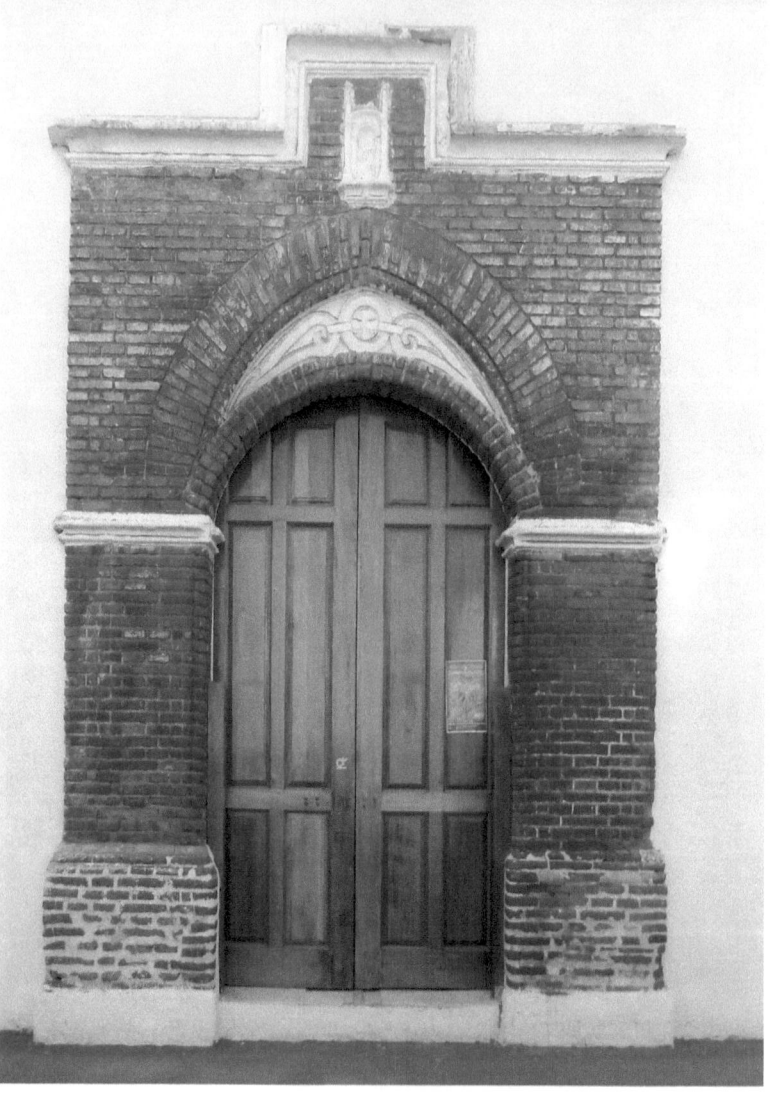

Figs. 7. —Capilla de Altagracia. Santo Domingo.

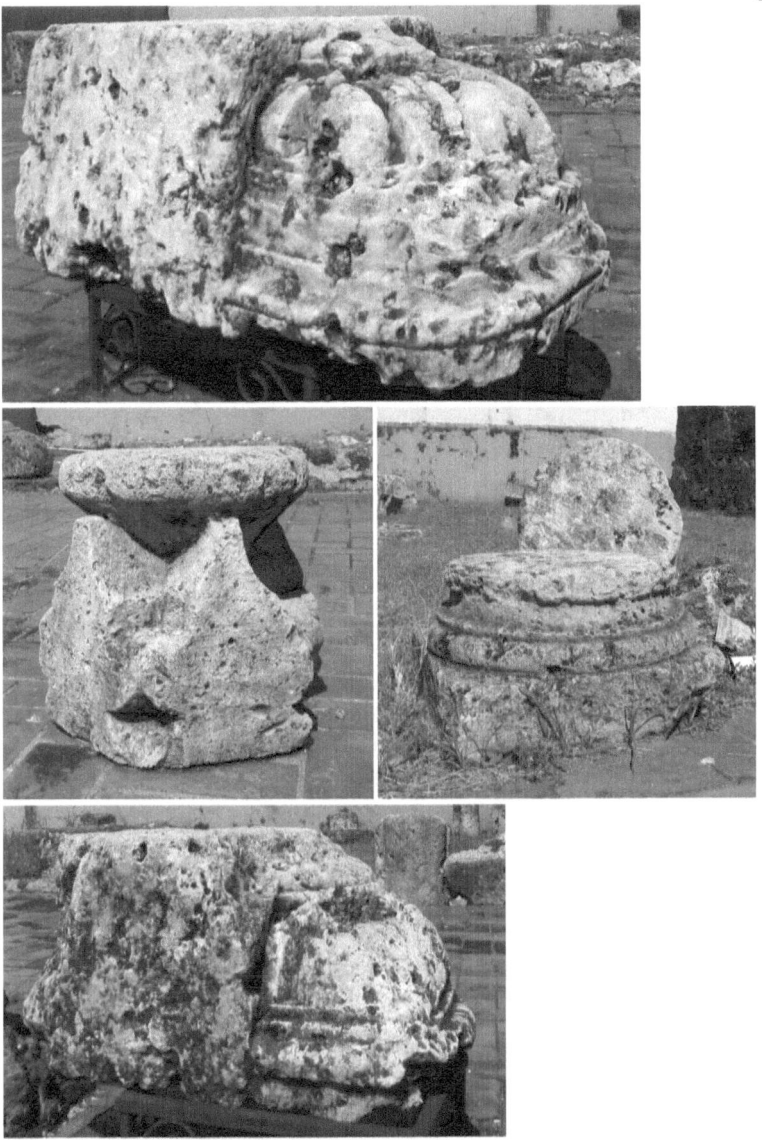

Figs, 8 a 13.—Capiteles del hospital de San Nicolás. Santo Domingo.

La Capilla de los Remedios

Ya antes de visitar Santo Domingo había podido insistir en la influencia del mudejarismo y de la arquitectura en ladrillo de Sevilla en este primer capítulo de la arquitectura americana. En particular, hablé de los patios de tipo mudéjar y de algún templo tan interesante como el del despoblado de Santiago. A unos y a otros he de referirme seguidamente, pero antes quisiera dar noticia de la Capilla de Remedios que contribuirá a demostrar la formación artística andaluza y probablemente sevillana de los primeros maestros que labraron iglesias en Santo Domingo. Como podrá verse en las páginas siguientes, lo poco que he podido encontrar de albañilería en Jamaica ofrece análogas características.

Ya queda subrayado el estilo probablemente sevillano de la portada de la Capilla de Altagracia. Mucho más sencilla, en la portadita de la Capilla de Remedios, su ligero abocinamiento, y su baquetoncillo son de estirpe andaluza. El interior, hoy de una nave, se cubre con bóveda de crucería en la capilla mayor poligonal, y en el tramo que le precede. Sería conveniente que quienes conocieron el interior del templo antes de las recientes amputaciones de que ha sido víctima, diesen a conocer sus noticias sobre la totalidad de su planta primitiva. (Figs. 14 y 15).

Se asegura[18] que perteneció a Francisco Dávila, quien la dejó como capilla del mayorazgo por él fundado en 1551.

---

[18] Utrera. *Dilucidaciones*, 1. 32.

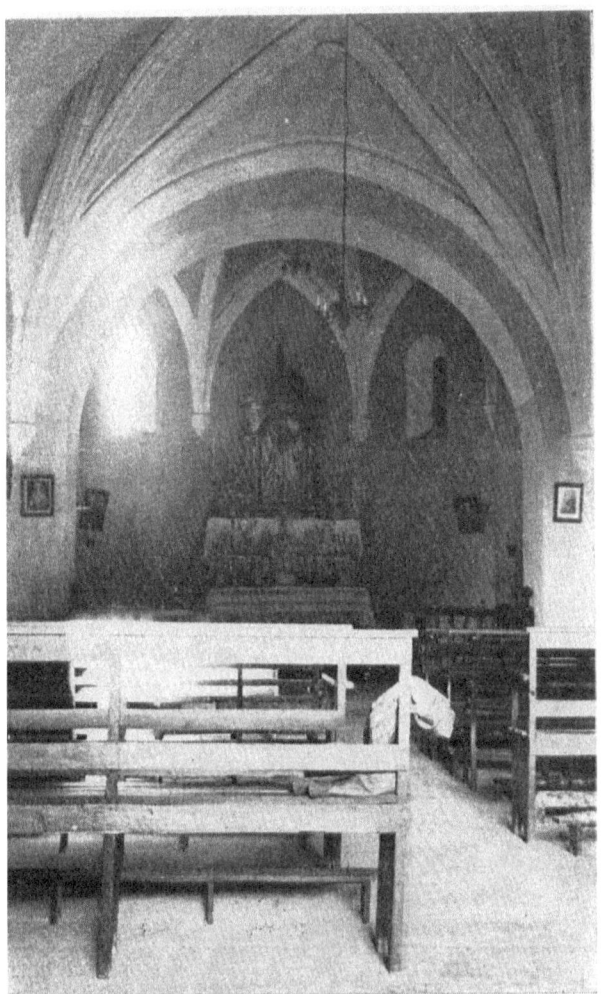

Figs. 14.—Capilla de Remedios. Santo Domingo.

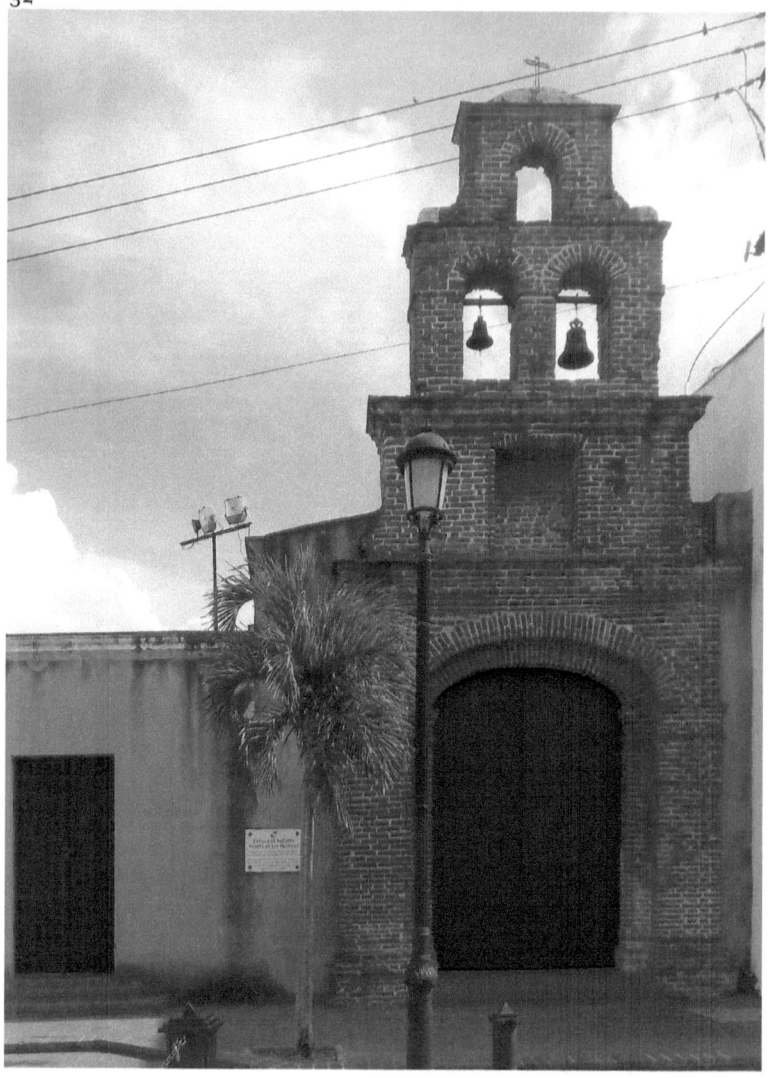

Figs. 15.—Capilla de Remedios. Santo Domingo.

Las ruinas de Santiago y de la Vega

Algunos de los monumentos más representativos del mudejarismo sevillano debieron de perderse con la ruina de las ciudades de
Santiago el Viejo y de la Vega. (Figs. 16 a 19).

Las ruinas del despoblado de Jacagua, o de Santiago el Viejo tuvieron pronta difusión, por haber publicado Martín S. Noel dos
fotografías del testero de su iglesia en su *Arquitectura virreinal*[19]
y haber encarecido el interés de los arcos de herradura apuntados
de sus ventanas como temprano testimonio de la influencia morisca en América. Sin conocer el monumento, sino por esas dos
reproducciones, no tuve inconveniente en recoger las que consi-
deré sus atinadas observaciones en el volumen I de mi *Historia
del Arte Hispano Americano*. Lo mismo había hecho Palm[20] dos
años antes. Pero posteriormente, el laborioso catedrático de la
Universidad de Santo Domingo, con motivo del hallazgo de un
croquis muy tardío de aquellas ruinas en el Archivo Nacional de
Cuba, ha dedicado un breve artículo a ese monumento, en el que
termina afirmando que "ese plano sirve para mostrar definitiva-
mente que las ruinas de Jacagua en su estado presente son en gran
parte una reconstrucción romántica del siglo pasado, ya que la
actual iglesia de una nave sin ábside no corresponde en nada al
plano del siglo XVIII". Toussaint, en el importante libro de 1946,
que tuvo la bondad de dedicarme, y cuyo título es *Arte Mudéjar
en América*, ante las rotundas afirmaciones dé Palm, y no cono-
ciendo *de visu* el monumento, hubo de decidirse a borrarlo de su
catálogo registrándolo "como una muestra perfecta, hasta por su
estado ruinoso, de un "mudéjar romántico".

Aunque no me ha sido posible hacer un estudio detenido de las
ruinas, una rápida visita me permitió hacer algunas observaciones
en pro del *desprestigiado* templo.

---

[19] Pág. 144.
[20] *La Arquitectura, del siglo XVIII en Santo Domingo*. Santo Domingo,
1942, p. 18.

Me referiré, en primer lugar, a algunas afirmaciones de Palm con las que no puedo estar conforme. Dice que la actual iglesia de una nave sin ábside no corresponde en nada al plano del siglo XVIII, insistiendo en que el ábside semicircular, en lugar de poligonal, es probablemente una licencia del dibujante. Si le entiendo bien, quiere decir que el muro del testero actual en que se abrían las ventanas en arco de herradura apuntado debió de ser, al menos ochavado, y que el dibujante dieciochesco convirtió esa forma en un semicírculo. Desde luego, de ser esto así, ya sería un argumento decisivo en contra de la antigüedad de las ventanas. Ahora bien, la actual terminación plana del testero, en mi opinión, es primitiva, y además, es muy posible que la tal pugna entre el plano y la realidad no exista.

Probablemente ese semicírculo del dibujo no representa la forma del presbiterio, sino que sólo indica que, el templo, al menos en su capilla mayor, estaba abovedado; lo mismo que el dibujante abate los arcos de las puertas, debió de abatir la curvatura de la bóveda. Pero además, el grueso contrafuerte que aparece en la unión del muro del testero con el del lado de la Epístola de la capilla mayor, no inclina pensar en un ábside ochavado. La antigüedad del muro del testero la garantiza, por otra parte, el apoyo en él del relleno del presbiterio propiamente dicho con su escalera central, relleno que ocupa gran parte de la capilla mayor. Desde luego, no puede ser posterior a la fecha en que se estrechó el arco triunfo, tal vez para convertirlo probablemente en puerta, quizá con el deseo de renunciar al cuerpo del templo en ruinas y reducirse a la antigua capilla mayor, como capilla única e independiente. En una capilla independiente de tan escasa profundidad no es concebible ese presbiterio ni tan elevado ni tan ancho. En cambio, es natural, para ser visto desde el cuerpo del templo.

Las dos fotografías reproducidas por Noel corresponden, por tanto, a la primitiva capilla mayor. En la inferior de ellas los muros adicionados, tal vez, para poner puerta a esa capilla, comprenden, en la parte izquierda, aproximadamente desde los dos mechinales próximos al personaje vestido de claro; y en la parte derecha, desde la unión que se distingue por la línea vertical inmediata a otro de los mechinales.

Ante esta capilla mayor se encontraba, como digo, el cuerpo del templo. De él quedan restos de los pilares, o de los machones que separasen sus capillas laterales. Este extremo no pude aclararlo en el escaso tiempo disponible. Lo que sí pude advertir fue el típico bisel de sus ángulos tan corriente en las iglesias mudéjares sevillanas, bisel que también existe en las primitivas jambas del arco de triunfo.

Palm, se inclina a creer que el pedazo de bóveda con su nave que los promotores del plano de 1747 supusieron de la capilla mayor no debía de ser originario, sino hijo de una reforma posterior. Las dovelas de ladrillo aplantillado, frecuentes en la albañilería gótica andaluza que reproduzco (fig. 19), demuestran que el templo primitivo estuvo abovedado de crucería, al menos en la capilla mayor. Además, en una de las fotografías publicadas por Nouel puede verse el arranque de una bóveda de nervios. Pero esto se relaciona ya con otra parte del problema, a que me refiero seguidamente.

Por desgracia, la capilla mayor después que la visitó Palm en 1944, probablemente en el último terremoto, ha perdido el muro del testero hasta la altura del altar, es decir, la parte en que se abrían las ventanas y se encontraba el arranque de los nervios. Naturalmente, respecto de esta parte, he de atenerme a la fotografía reproducida por Noel. Palm da la noticia de que ha logrado descubrir incluso "el nombre del arquitecto de la ruina, Onofre de Lora, el constructor de la iglesia del Santo Cerro, de imitado estilo colonial. Para su reconstrucción, "escribe", Lora ha usado algunos elementos y materiales antiguos, lo mismo como lo hizo en la edificación de la iglesia del Cerro". Poco después, parece afirmar que lo único que considera antiguo, probablemente por verlos coincidir con el plano del XVIII, son unos muros que dice rodear la iglesia a una distancia de 4'80 metros, y las huellas de otros divisorios, también allí indicados. Creo que si las referencias de Lora son lo suficientemente concretas deben ser precisadas respecto de la parte del muro con las ventanas hoy desaparecidas, pues el resto de las ruinas de la capilla mayor[21], y de los pilares o machones de la nave, las bóvedas de ladrillo, y en general toda la ruina, no me ofrece duda que no son modernas.

He de advertir además que la dueña de la finca, junto a cuya casa se encuentran las ruinas y a quien pedí confirmación de esas noticias, me aseguró que, en efecto, por los años de referencia su antepasado —su padre o su tío— había tratado de reconstruirla, pero, en vista de las dificultades con que había tropezado por parte de la mitra, apenas se llegó a hacer nada. Me aseguró que aquellas ventanas no se habían construido entonces. *Relata refero.*

No quiero dar un valor decisivo a este testimonio, aunque tampoco creo debe concedérsele al de Lora, mientras no se precise el alcance de su intervención. En que algo debió de hacerse entonces, coinciden mi informadora y las noticias recogidas por Palm, y en un arreglo moderno hace pensar indudablemente lo bien terminado a nivel de ese muro del testero; quizá entonces se estrechó también el arco de triunfo.

Ahora bien, ¿se abrieron en esa ocasión las ventanas, o simplemente se reconstruyeron? Encuentro muy difícil el afirmarlo sin noticias concretas y seguras en que apoyarse. Que el muro se encontraba en pie al nivelarse su terminación, al menos, en parte, hasta la altura de los riñones de los arcos, lo indica el arranque de los nervios indudablemente antiguo que aparece en el ángulo del Evangelio de la reproducción de Noel. Prueba de la antigüedad del arranque de esos nervios es que no se continuó hasta la terminación del muro que, como digo, debió de nivelarse entonces.

Es cierto que esas dos ventanas resultan un tanto extrañas en ese lugar, pero no me atrevería a considerarlas modernas por ese solo motivo.

En resumen, no creo que las ruinas de Jacagua deban darse de baja en el cuadro de la arquitectura dominicana del siglo XVI. Incluso sin sus arcos de herradura apuntados sería un testimonio importante de la albañilería sevillana que tantos monumentos dejó en

---

[21] Salvo, naturalmente, el cerramiento de su arco de triunfo.

Santo Domingo, La Vega, y probablemente en Jamaica. Por eso, lo que convendría sería hacer con todo cuidado un buen plano de las ruinas antes de que desaparezcan totalmente, procurando fijar la forma del cuerpo del templo, y revisar la gran cantidad de escombros esparcidos en su alrededor.

En el despoblado de la Vega consérvanse las ruinas de un importante edificio de ladrillo bastante antiguo. Los enormes bloques diseminados por el terremoto quedaron en posiciones tales que no resulta fácil en una rápida visita reconstruir el conjunto, aunque sí pueden advertirse las esquinas a bisel de las pilastras y de los arcos tan corrientes en la arquitectura medieval sevillana. Como es sabido[22] la ciudad fue destruida por el terremoto de diciembre de 1562. (Figs. 20 a 22).

---

[22] Utrera. *Dilucidaciones*, 16, 19. *Colección Docs. Inéds. de Indias*, I. 462.

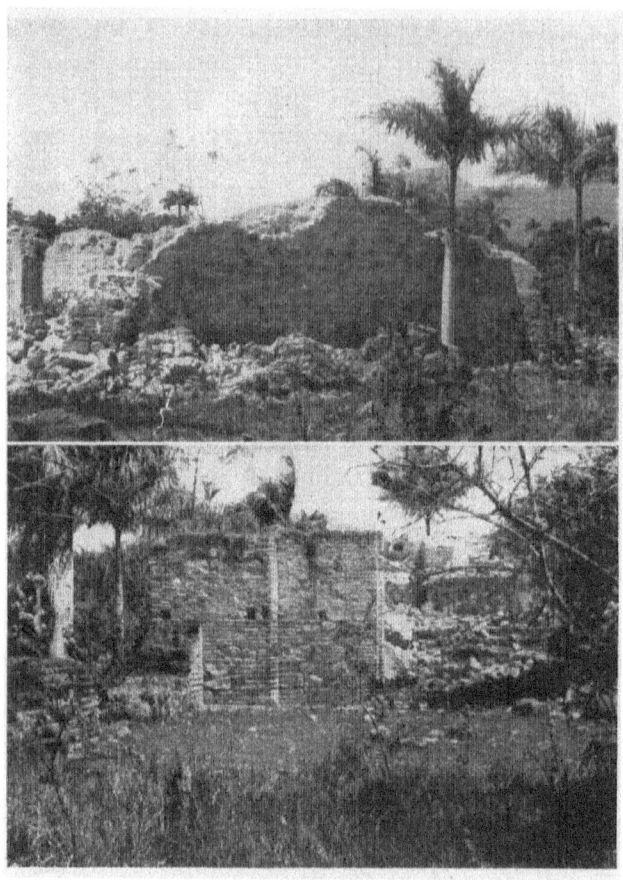

Figs. 16 a 19.—Ruinas de Jacagua o Santiago el Viejo: testero, interior de la capilla mayor, la capilla mayor desde los pies de la nave y dovelas de ladrillo.

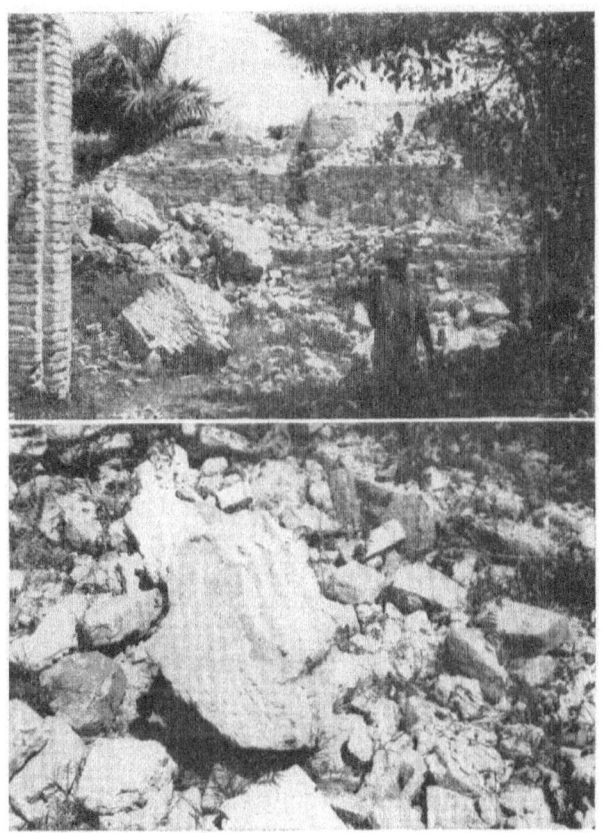

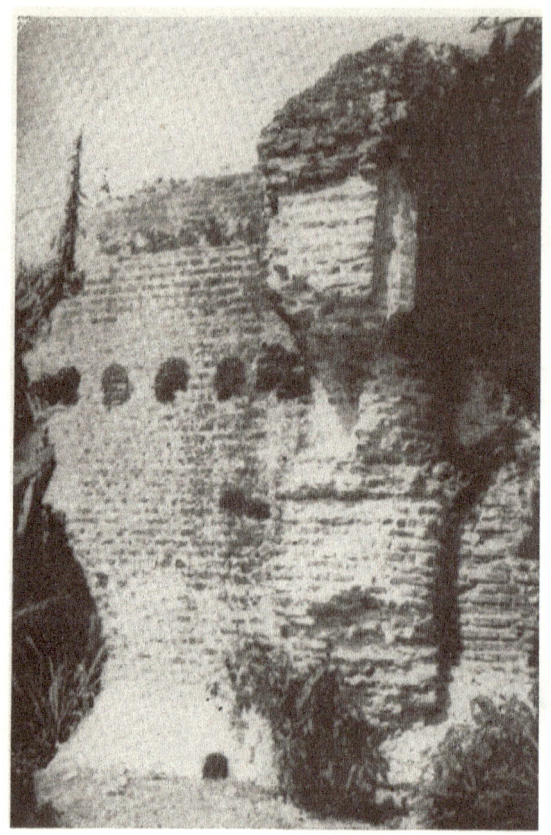

Figs. 20 a 22.—Ruinas de la Vega.

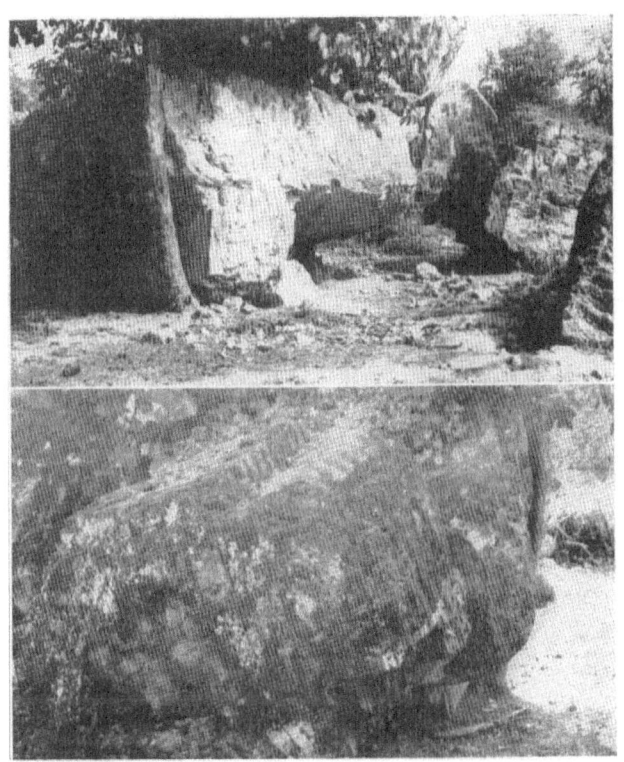

RODRIGO DE LIENDO

El año de 1928, al dar cuenta[23] de las *Dilucidaciones históricas* de Fray Cipriano de Utrera, llamé la atención sobre las noticias publicadas sobre el arquitecto Rodrigo de Liendo. Recientemente, en 1944, Palm[24] ha dedicado a éste un artículo, de que, por haber aparecido el mismo año que el primer volumen de mi *Historia del Arte*, no pude hacerme eco entonces.

Del informe del hijo de Liendo parcialmente publicado por Fray Cipriano de Utrera, se deduce que hizo desde sus comienzos la iglesia de la Merced, obra que tenía terminada en 1555. En esa fecha tenía a su cargo, desde hacía ocho años, la iglesia nueva de San Francisco, a la que sólo faltaba cubrirla. Parece que esto no llegó a suceder hasta el 1665. Aunque no lo publicó Fray Cipriano, di cuenta en aquella ocasión de que cómo en el mismo informe del hijo de Liendo se declara que había "hecho muncha parte de la santa yglesia catedral"[25].

En cuanto a su intervención en la catedral, ya en mi *Historia* manifesté cómo, en vista de las noticias aparecidas en los muchos años transcurridos desde la publicación del libro de Fray Cipriano, su candidatura a la gran portada renacentista de la catedral no podía defenderse. Después de conocer directamente *de visu* la iglesia de la Merced, me he confirmado más en esa creencia.

Evidentemente, la obra que, a pesar de sus reconstrucciones y restauraciones, ofrece más elementos artísticos para conocer el estilo de Liendo, es la iglesia de la Merced. Ahora bien, el atribuirle la portada de los pies, como hace Palm, es en mi opinión, absolutamente imposible. Él advierte que le parece posterior a Liendo,

---

[23] "Archivo Español de Arte", p. 162.
[24] *Rodrigo de Liendo, arquitecto en La Española*, Santo Domingo, 1944.
[25] Seguramente por no conocer la noticia bibliográfica de 1928, afirma Palm que en el informe del hijo no se cita la participación de Liendo en la catedral, lo cual no es cierto.

pero que a pesar de ello la cree suya, atribuyéndole[26] en consecuencia, unas novedades de que carece, si se le sitúa en la fecha
que realmente le corresponde. Esa portada es obra de un maestro
barroco muy posterior. La atribución de la portada lateral, tampoco llega a convencerme, pero prefiero dejar en suspenso mi juicio[27].

En San Francisco existen dos templos: el viejo (fig. 23) y el
nuevo, ambos en ruinas. Como acertadamente ha escrito Palm, el
segundo es el que se relaciona con Rodrigo de Liendo[28], pero desgraciadamente nos ofrece escasísimos elementos de juicio para
conocer su estilo. Los restos de sus bóvedas, al menos, desde el
crucero hasta los pies, son probablemente del siglo XVII aunque
su trazado pueda remontarse al anterior[29] y la portada dudo mucho, contra lo que opina Palm, no sólo que pueda atribuirse a R.

[26] Véase también Palm, *El estilo imperial de Felipe II y las edificaciones
del siglo XVII en La Española.* "Bolet. del Archivo de la Nación", 1943.
En la tirada aparte pág. 8.
[27] Acerca de las varias reconstrucciones y obras en el templo, véase
Utrera *Dilucidaciones*, 345, y *Ntra. Sra. de las Mercedes*, Santo Domingo, 1932, p. 21; 35.
[28] El plano publicado por Palm, que a quienes no conozcan esos monumentos permitirá formarse idea de la relación de ambas iglesias, desgraciadamente está equivocado en parte tan importante como la proyección
de los nervios de la capilla mayor de la iglesia vieja. Al comprobar mi
rápido apunte con el plano, advierto el error, más necesario de ser co-
rregido por la extraña disposición de cuatro parejas de terceletes que
aparecen en el plano apoyando en los nervios cruceros, sin que ningún
otro los contrarreste.
[29] Este tipo de cubierta de grandes casetones es, evidentemente, renacentista. Recuérdese, por ejemplo, en América, la catedral de Mérida.
Las mensulillas de galloncillos que aparecen ya en el machón de la esquina de la capilla mayor con el crucero de la Epístola, aunque comienzan en Península a fines del XVI, sólo son corrientes en la primera mitad
del XVII. Sin pretender sacar consecuencias de carácter cronológico, sí
advertiré que los nervios del Presbiterio son de ladrillo, como los aprovechados en el jardín de las ruinas de San Nicolás. De ladrillo, pero de
otra sección, son los de la iglesia vieja de San Francisco. Los nervios
restantes de la iglesia nueva son de piedra y de sección renacentista.

de Liendo, sino incluso al siglo XVI. Ignoramos la fecha de muerte de éste y hasta cuándo continuó al frente de las obras de San Francisco. Sólo sabemos que la tenía a su cargo en 1555. Ahora bien, esas metopas tan apaisadas y resaltadas y ese almohadillado tan acusado del interior de las jambas y del intradós del arco, no los creo posibles en España a mediados del XVI; si no imposibles a fines de ese siglo, sí poco probables; en cambio, me parecerían normales a mediados del XVII. Es decir, debe de ser un siglo más moderno de lo que supone Palm.

No veo inconveniente cronológico alguno en pensar en la atribución a Liendo de la capilla de los Bastidas, de la catedral, que labraba en 1535 su fundador don Rodrigo. Esa noticia de la intervención de Liendo en la capilla la recogí ya en mi *Historia*, pero advirtiendo que lo hizo en calidad de sobrestante. Es cargo de carácter administrativo, y desde luego más administrativo que técnico. Aunque resulte extraño, es el que aparece desempeñando R. de Liendo[30].

En consecuencia, a pesar de los laudables esfuerzos de Palm, sólo puede hablarse de R. de Liendo como arquitecto de estilo gótico. Estilísticamente es imposible agrupar bajo un nombre la Capilla de Bastidas, las dos portadas de la Merced y la de S. Francisco. Serían de desear nuevas noticias documentales que garantizasen su intervención como arquitecto en la Capilla de los Bastidas. Mientras unas buenas fotografías no permitan fechar con cierta precisión la puerta lateral de la Merced, y no conozcamos el año de la muerte de Liendo, encuentro también aventurado el atribuirle en firme esa portada.

---

[30] Utrera. *Don Rodrigo de Bastidas*. Santo Domingo, 1930, p. 108.

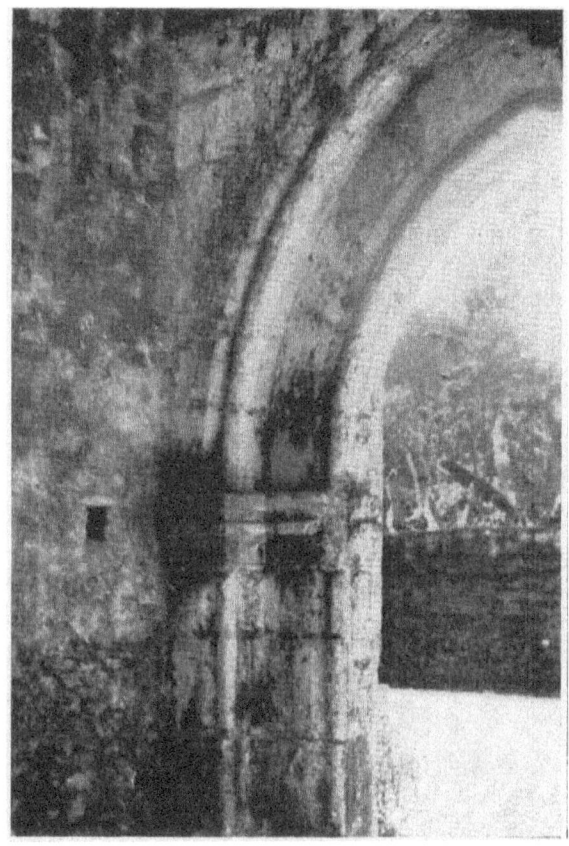

Fig. 23.—Puerta lateral de San Francisco el Viejo.

REGINA ANGELORUM

Impreso ya el tomo I de mi *Historia* en 1944, al terminar la guerra mundial, que suspendiera casi absolutamente nuestra correspondencia con América, sobre todo en cuanto a la que de allí venía, recibí un importante número de artículos escritos por el laborioso Palm sobre la Arquitectura dominicana. Algunos de ellos los hubiera utilizado de haberlos conocido a su debido tiempo y espero poder hacerlo, si el interés del público permite una segunda edición. Pero el dedicado a "La Arquitectura del siglo XVIII en Santo Domingo"[31], que, a pesar de su título es de particular interés para el capítulo renacentista de la arquitectura dominicana, precisa pronto comentario.

Se estudia en él un monumento, que, por concederse excesivo valor a las noticias documentales, no siempre lo suficientemente completas, se considera del siglo XVIII, cuando sin duda alguna, es en lo que tiene de más interés obra del siglo XVI. Me refiero a la iglesia de Regina. Palm, en su deseo de enriquecer el capítulo del barroco dominicano, lo encabeza con ese templo que considera de 1722, fecha en que, según el documento publicado por Fray Cipriano de Utrera[32] "la primera (monja)... se enterró en la bóveda del coro bajo de la iglesia nueva". (Figs. 24 y 25).

Ahora bien, en contra de tan tardía clasificación está el testimonio de más fuerza, que es el del monumento mismo. Es indudable que la portada de los pies se terminó en su parte superior en época barroca, y que la cúpula que precede a la capilla mayor no es del siglo XVI. Tampoco me atrevería a asegurar que no se labrase en el siglo XVIII algún tramo de los pies imitando el sistema de bóveda de crucería del siglo XVI; nada tendría de extraño, y en este caso se trataría de una simple copia sin trascendencia artística. Pero lo que no me ofrece duda es que buena parte de los muros del templo, y sus portadas se labraron en el siglo XVI, unas totalmente como la exterior del lado del Evangelio, y las interiores de

---

[31] "Publicaciones de la Universidad de Santo Domingo". Vol. XXI.
[32] *Dilucidaciones*. I, 268. 31.

arco conopial de la planta baja y del coro, y otras solo en parte
como la de los pies. Creo, además, que el propio Fray Cipriano
de Utrera nos da la fecha aproximada de esa construcción. Debió
de comenzarse poco después de la fundación del convento, hacia
1556; en 1569 se nos dice que las paredes en unas partes llegaban
a "Quatro tapias en alto y por otra parte a cinco". Después se
paraliza la obra por falta de recursos. En mi sentir, lo que se hace
en 1722 es concluir la obra comenzada. Aunque no tengamos noticia de ello, probablemente en más de siglo y medio algo debió
de hacerse. Desde luego, sabemos que en 1572 concedió la corona
mil ducados para su continuación, lo cual indica que no se había
desistido de proseguirla. A esos años, es decir, a la séptima, tal
vez octava década del siglo, corresponden seguramente la portada
lateral, las interiores, y la fachada principal, que no llegó a terminarse. También es del siglo XVI la portada de la casa número 43
de la calle de las Mercedes, cuya semejanza con la lateral de Regina advirtió muy bien Palm, aunque consecuente con su opinión
inicial, la consideró del siglo XVIII.

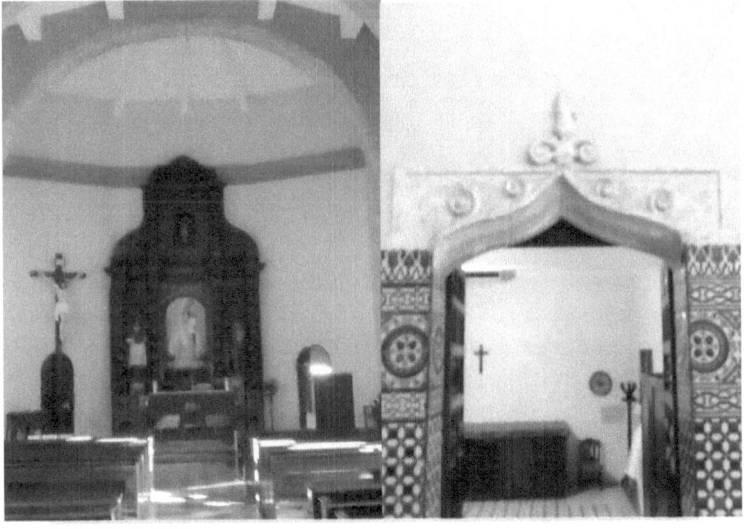

Figs. 24 y 25.—Iglesia de Regina. Santo Domingo.

LA CATEDRAL

A pesar de las funestas reformas sufridas por el interior de la catedral a fines del siglo pasado, en que se destruyó el coro, y sin el menor respeto a la belleza del templo se levantó a los pies de la nave central la desproporcionadísima mole del sepulcro de Colón, conserva todavía varios sepulcros importantes del siglo XVI. El del obispo Bastidas lo reproduje ya en mi *Historia*. La estatua yacente es de mármol, y por tanto, de distinto material que el resto del sepulcro. Se acopla mal al nicho, y no sería difícil que fuese obra importada. Los tableros decorativos, al parecer de yeso, que revisten el interior del nicho, repiten un mismo modelo, que según indiqué al tratar de Santo Domingo, es el empleado en el crucero de aquel templo. El intradós del arco aparece, en cambio, decorado por grandes rosas y querubes. Las primeras no pueden por menos de recordar las de las bóvedas de la Sacristía Mayor y la Capilla de los Reyes de la Catedral de Sevilla. Los querubes, permiten, en cambio, atribuir a su autor la gran repisa del órgano de la catedral dominicana. Quien sea este maestro del sepulcro de Bastidas lo ignoro, pero desde luego es uno de los principales decoradores renacentistas que trabajan en Santo Domingo, al parecer en el segundo cuarto del siglo[33]. (Figs. 26, 27, 5 y 6).

---

[33] En prensa este artículo, llega a mi poder el publicado por Palm en el "Journal of Architectural Historians". V. 1946-1947, p. 1 *(Monuments of Hispaniola)*, en que advierte la identidad de molde de los yesos del sepulcro con los de la iglesia de Santo Domingo y reproduce la tribuna del órgano. Considera el sepulcro de Bastidas de 1569. Aunque no lo creo estilísticamente imposible, el hecho de haberse perdido las dos últimas cifras de esa fecha, tal vez por no haber sido grabadas al mismo tiempo que las anteriores, inclina a pensar que el sepulcro se labró en vida de Bastidas. Publica buena reproducción del sepulcro de la Capilla de las ánimas y del Trono Arzobispal. En cuanto a éste, precisa advertir que la figura femenina que reproduce como representación de la Iglesia es Santa Bárbara, como lo acreditan la torre y la palma del martirio que tiene en sus manos. Como es sabido, Santa Bárbara es en la ciudad titular

Restos de otro sepulcro renacentista decora la capilla de las Ánimas. Tiene decoración de grandes rosetones en el intradós, bastante parecidos a los del de Bastidas, y dos hermosos medallones en las enjutas.

Una de las capillas más bellas de la catedral es, sin duda, la del Sagrario. De planta rectangular, por medio de dos trompas se ochava a la altura de la cornisa para recibir la bóveda de crucería gótica. Descansa ésta sobre columnillas adosadas que contribuyen poderosamente a elevar la cubierta, realzando así las elegantes proporciones de la capilla[34]. De que el arquitecto no era un adocenado, es también testimonio la forma como ha compuesto el de ingreso a la capilla, disponiendo sobre el trasdós del arco de medio punto, una crestería gótica con el lugar para el escudo en el centro. En las trompas, la decoración es de grutescos. (Figs. 26 y 27).

Muerta la mujer del fundador de la capilla, el regidor Diego Caballero, en 1551, y él tres años después, es posible que para esa fecha estuviese fundamentalmente terminada la capilla. Hermosísima, y de primer orden es la gran lápida sepulcral, probablemente importada[35].

---

de una parroquia, precisamente donde vivían los canteros, entonces tan ocupados en decorar la Catedral. El retablo de la cabecera del Evangelio de ésta, que da de plano como obra renacentista, precisa estudio más detenido. Desde luego dudo mucho que sea del siglo XVI el pedestal que reproduce en la fig. 14.

[34] Solución análoga, por ejemplo, en Setenil (Cádiz). Repr. Romero de Torres, *Catálogo Monumental: Cádiz*, Lám. 159.

[35] Publica la inscripción Utrera *(Dilucidaciones,* I. 387). Palm, en el reciente artículo citado *(Monuments of Hispaniola)*, estima que la capilla no se había terminado al morir el arzobispo Carvajal, fundándose en una carta del deán de 1577. A juzgar por lo que de ella copia, no parece que el testimonio sea tan terminante como supone.

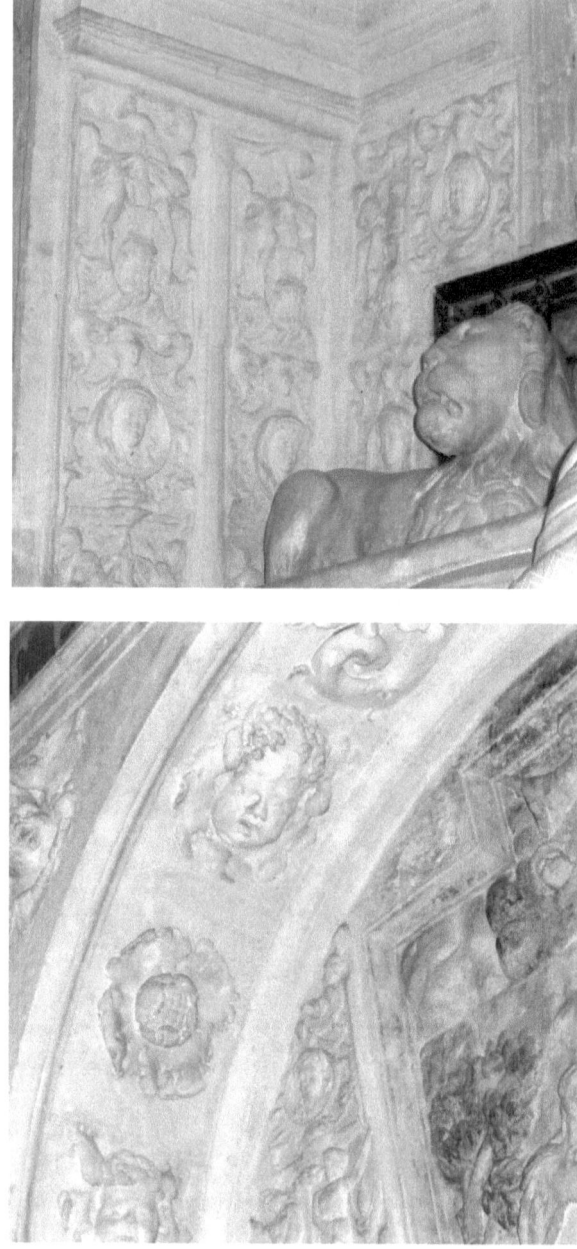

Figs. 26 y 27.—Yeserías del sepulcro del obispo Bastidas, en la
Catedral. Santo Domingo.

CASAS

Al referirme a la arquitectura civil subrayé la insistencia con que encuadra sus arcos el típico alfiz morisco. Estas arquerías, que al fondo de la segunda crujía comunican el comedor con el patio en la casa dominicana, constituyendo, sin duda, uno de los elementos más característicos de ésta[36], aparecen casi indefectiblemente con ese encuadramiento. En Santo Domingo, estas arquerías de comunicación encuadradas por el alfiz son probablemente, en la mayor parte de los casos, del siglo XVI o muy poco posteriores. Incluso casas cuyas fachadas son evidentemente posteriores, conservan en su interior las primitivas arquerías. Dudo mucho que, como quiere Palm, sean numerosísimos los ejemplares de estas arquerías del siglo XVIII, y aun del siglo pasado[37]. Creo que la mayor parte de las que presentan las proporciones de las del XVI son de ese siglo o poco posteriores.

Las arquerías por mí reproducidas eran de dos vanos, que es el tipo corriente. Ahora, no sólo puedo reproducir una de tres, sino otra con no menos de cuatro, sin duda, una de las más importantes a este respecto. Sus arcos son peraltados de tipo carpanel, al gusto sevillano de principios del siglo XVI. Su dueño ha tenido el

---

[36] Palm ("Anales" IX, *267)* niega rotundamente que la arquería de la calle Luperón por mí reproducida (p. 127) sea del siglo XVI, sino posterior. Después de visto el monumento, no encuentro razones de estilo decisivas en que apoyarse para negarle aquella fecha. Desde luego, la encuentro menos característica que otras de que doy cuenta ahora, y no absolutamente imposible de que pueda ser algo posterior al siglo XVI, pero veo menos razones para negarlo. El hecho de que la calle aparezca por primera vez en píanos de la ciudad de fecha mucho más reciente — es razón que de palabra me comunicó Palm—, no es argumento admisible, a menos que poseyésemos otros del siglo XVII lo suficientemente minuciosos en que no figurase,

[37] Obras tan importantes como las portadas de Regina y la de la calle de las Mercedes que Palm supone del XVIII ya he dicho que son, indudablemente, del siglo XVI.

buen acuerdo de respetarlas, y de poner al descubierto su portada de piedra, todavía de tradición gótica. (Figs. 28, 29, 30 y 31).

Creo que una revisión detenida del casco urbano, intramuros de Santo Domingo, permitiría multiplicar los ejemplares, ofreciéndonos un testimonio elocuente de lo mucho que se construyó en el siglo XVI. En esa centuria no faltaban canteros y estaba viva la tradición de labrar los gruesos fustes de estas arquerías; no resultaban demasiado costosos. En el siglo XVIII, es muy poco lo que se construye[38] de ciertos arrestos arquitectónicos.

Buen ejemplo de estas arquerías sencillas del siglo XVI perdidas en una casa de exterior insignificante, es la que reproduzco en la figura 30.

Si los fustes y los capiteles clásicos prestan a todas estas arquerías un cierto equilibrio entre lo árabe y lo cristiano, el mudejarismo sube de punto en la casa número 42 de la calle José Reyes, donde, como en las viejas iglesias sevillanas de tradición almohade, los pilares reemplazan a las columnas, o puertas como la de comunicación de la sala con el comedor de la casa número 3 de la calle Arzobispo Nouel. En el arco de tipo carpanel peraltado dentro de su alfiz, hasta las quicialeras modernas nos hablan del ambiente morisco de estas casas dominicanas del siglo XVI. Según costumbre, el comedor comunica al patio por doble arquería, hoy convertida en ventana y puerta rectangulares.

La serie de las portadas del siglo XVI reproducidas en mi *Historia,* complétase con el bello ejemplar gótico que ahora ofrezco. Destrozada lastimosamente por el balcón moderno, ofrece una de las más ricas y antiguas decoraciones del estilo gótico conservadas en América. (Fig. 32).

No es obra de un cantero vulgar, sino tan fina como la mejor de su época en la Península. A juzgar por lo que se respetó al abrir el hueco del balcón, el vano superior terminaba en un arco con un lóbulo central. Elegante de proporciones, corresponde a la misma etapa que la casa de la plaza donde se encuentra la Legación de

---

[38] Fig. 137 de mi *Historia.*

España[39] y que la casa del Cordón[40]. Su estilo recuerda algo el sevillano del primer cuarto de siglo.

Muy destruida, todavía conserva rastros de alguno de sus vanos góticos la fachada de la casa n.º 42 de la calle de Colón (fig. 37). De su puerta principal puede aun verse la moldura horizontal análoga a la de la casa n.º 5 de la calle Duarte, esquina a Nouel (figs. 29 y 33); son primitivas también la ventana que se encuentra sobre esa puerta, y la del extremo opuesto, la mejor conservada de todas, con curiosos lóbulos convexos.

---

[39] Ibídem, fig. 128.
[40] La reproduje en mi *Historia*, fig. 128.

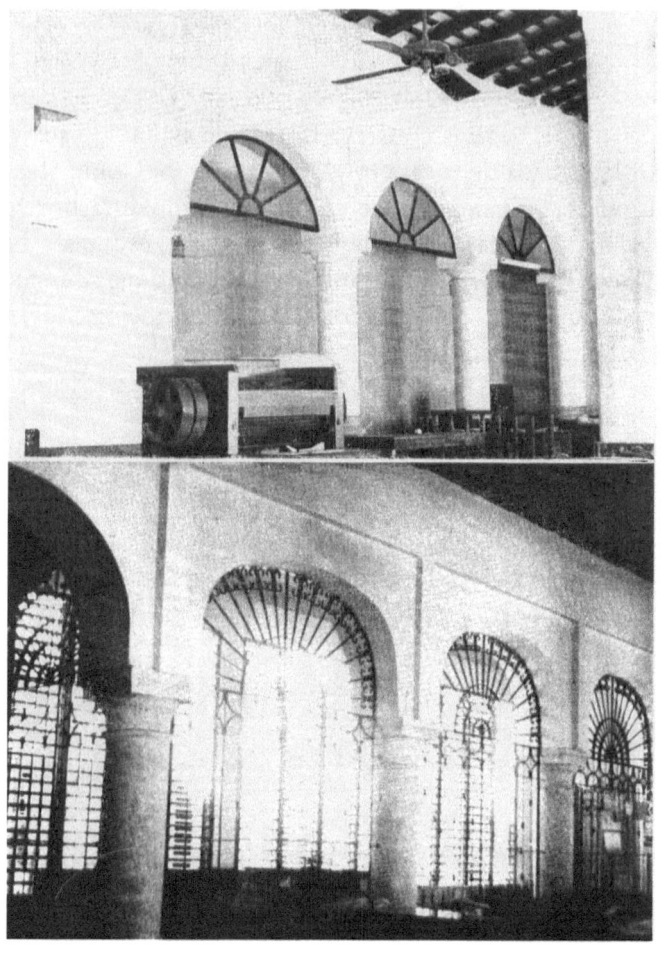

Figs. 28 y 29.—Casas particulares. Santo Domingo.

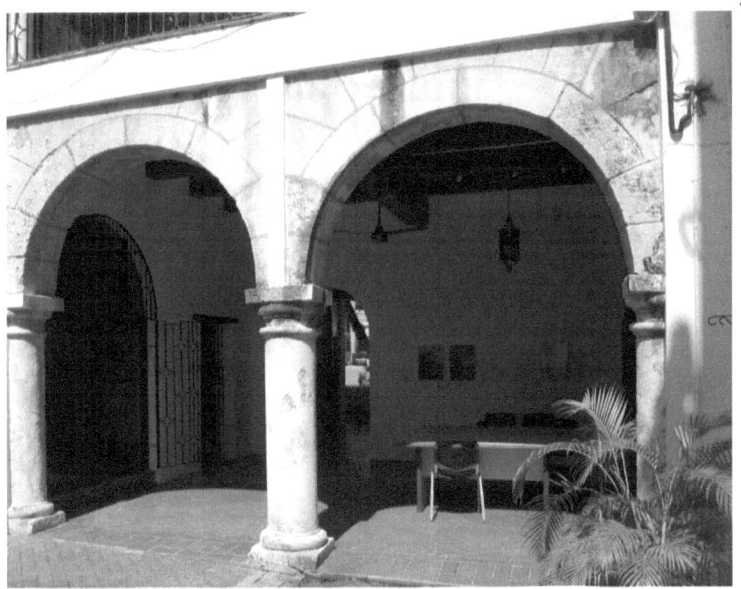

Fig. 30.—Casa particular. Santo Domingo.

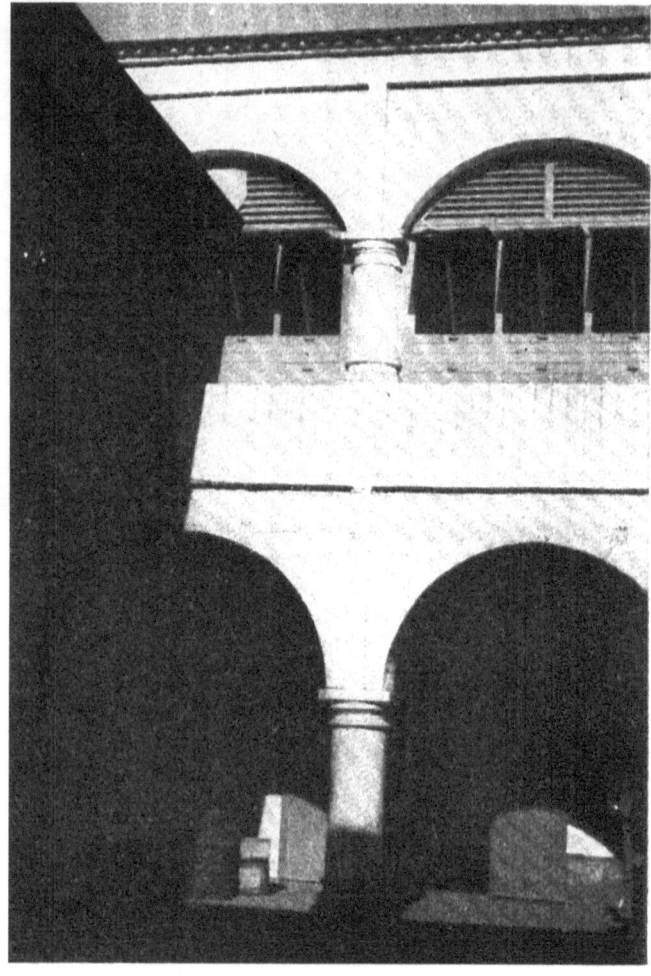

Fig. 31.— Casa particular. Santo Domingo.

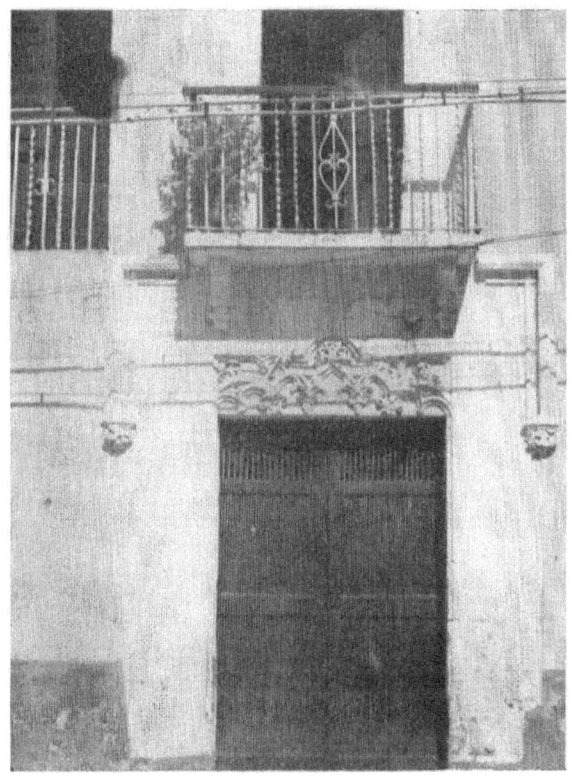

Fig. 32.—Casa particular. Santo Domingo.

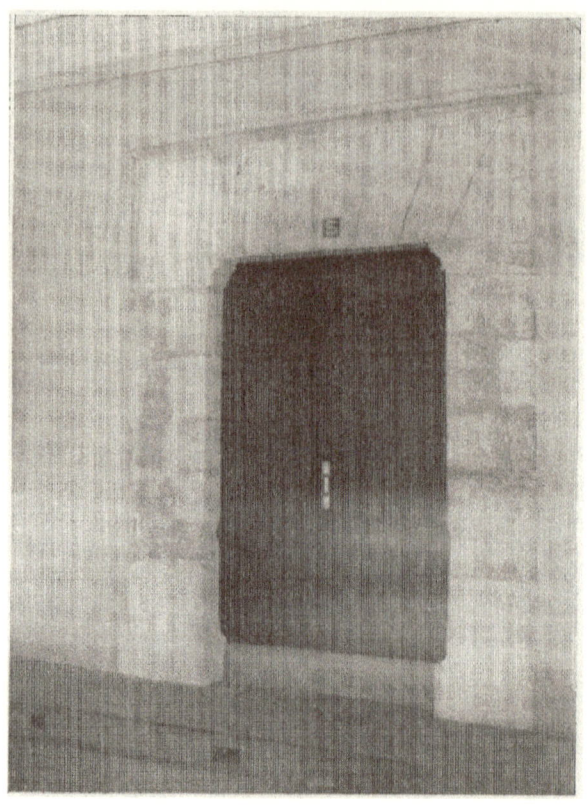

Fig. 33.—Portada de la casa reproducida en la fig. 29.

Puerto Rico y Cuba

LA CATEDRAL DE SAN JUAN Y LA IGLESIA DE SAN JOSÉ

La Catedral de San Juan comenzada en sede vacante en 1540, y proseguida con el mayor empeño por el obispo Bastidas, debió de darse por terminada hacia 1577. Dudo que se construyese íntegramente según el plan primitivo. Las noticias conservadas permiten suponer que mientras el presbiterio estaba cubierto de bóveda gótica de crucería, el crucero y el cuerpo de la iglesia, que era de una sola nave, lo estaban con armadura de madera. En 1666 se desmontan éstas y se decide reemplazarlas por bóvedas. Cuando treinta años después se comienzan las obras, se construyen diez pilares transformando en tres la primitiva nave única, naves que se cubren de nuevo de madera. Después tienen lugar las obras de 1802 dirigidas por el comandante de ingenieros Tomás Sedeño y el Maestro Mayor Luis de Huertas, y más tarde (1849-53), las dirigidas por el también comandante de ingenieros Manuel Soriano y ejecutado por el maestro de las obras de fortificación de la plaza, Manuel de Zayas.

Del monumento primitivo construido en el XVI, se conserva el ábside, si bien el interior de la capilla ha sido transformada hasta el punto de ser semicircular, y no poligonal y, sobre todo, las bóvedas de crucería de las dependencias situadas a ambos lados de la capilla mayor. (Fig. 34).

El que visite el interior de la catedral de San Juan y no entre en esas dependencias con cubierta gótica, saldrá con la impresión de

no conservarse en ella nada de la primitiva obra del obispo Bastidas. No sucede así en la iglesia del antiguo convento de los dominicos de Santo Tomás de Aquino, hoy de San José.

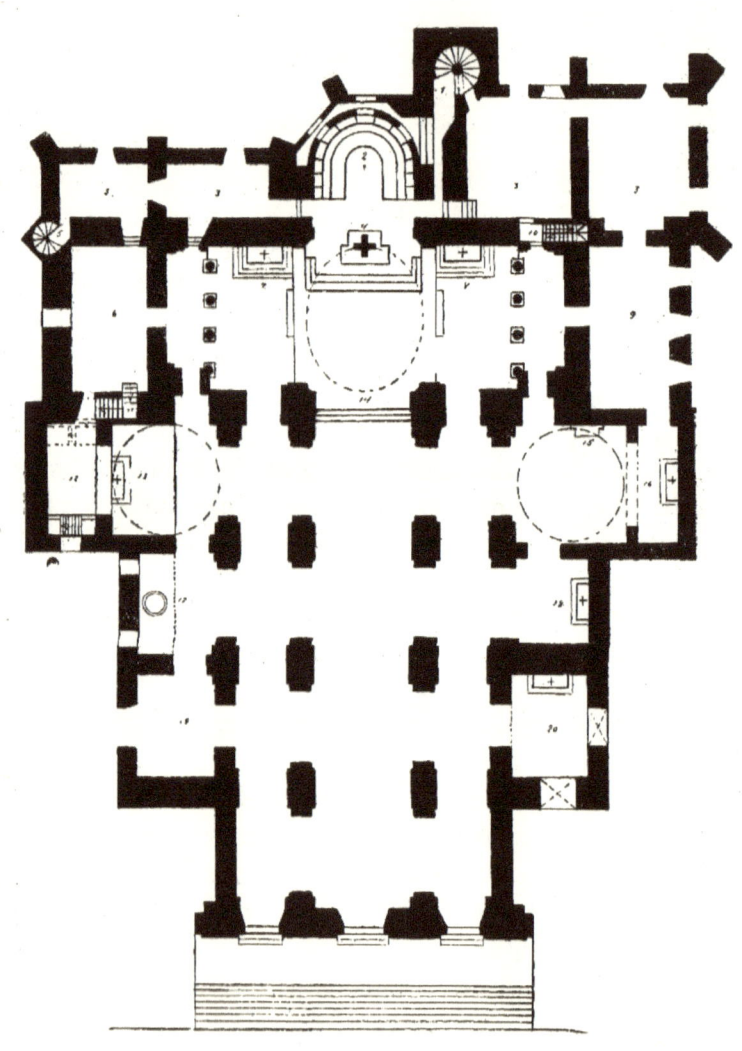

Catedral de San Juan de Puerto Rico (plano de D. Enrique T. Blanco)

Aunque ha sufrido importantes transformaciones en el cuerpo del templo, en la parte comprendida entre el crucero y la fachada de los pies, conserva en perfecto estado el hermoso conjunto del presbiterio y el crucero, probablemente el más hermoso de su tipo existente en América. (Figs. 35 y 36).

Como podrá advertirse por el plano que reproduzco de don E. Blanco y por las fotografías que ilustran estas líneas, es una importante iglesia conventual con gran capilla ligeramente rectangular cubierta por bóveda estrellada. El tramo del crucero, algo más ancho que la capilla mayor, se cubre también con bóveda de crucería de terceletes sobre arcos torales y formaros de medio punto, cuyas ligaduras se prolongan al lado del Evangelio y de la Epístola hasta la clave de los arcos torales correspondientes. Pero lo más interesante, y lo que presta mayor sensación de amplitud al efecto de conjunto del interior de la cabecera del templo, es la forma como se unen con la bóveda del tramo del crucero las de los brazos de éste. Evidentemente, el arquitecto ha deseado fundir unas con otras, continuando así las superficies de sus intradoses, para que el efecto da conjunto sea más grandioso. Ha perseguido el mismo fin que los viejos arquitectos bizantinos y los renacentistas al contrarrestar el empuje de las cúpulas por medio de cuartos de esfera.

El autor de la iglesia de San José ha cubierto los brazos del crucero, anchos y de escaso fondo, según la tradición de los Reyes Católicos, con dos bóvedas formadas por los indispensables cruceros; es decir, como se hiciera en el convento de la Orden en la vecina Santo Domingo. Ahora bien, no sólo no desciende, como allí, el arco formero que las separa del tramo del crucero matando la grandiosidad del efecto del conjunto, sino que, por el contrario, eleva el arranque común de esas dos bóvedas de los brazos del crucero hasta alcanzar la altura de las claves de los arcos formeros citados. Gracias a esa solución, las dos bóvedas de los brazos se transforman en una especie de bóveda rampante. Las pilastras, y los perfiles de los arcos torales y formeros del crucero, son ya renacentistas.

Parece que se construye el templo en el segundo cuarto del siglo. Curiosa es la capilla de la Virgen de Belén por su bóveda esquifada, de ascendencia morisca[41].

En el Torreón circular del Morro, es decir, el reproducido en el plano del Archivo de Indias[42], se conserva un dibujo de una portada muy perdido, pero muy digno de ser conservado cuidadosamente, sobre todo, en tierra donde tan escasos monumentos existen del siglo XVI. Es un dibujo de los que suelen hacerse en las paredes de las obras en construcción, bien como proyectos o como verdaderos modelos de alguna parte de la misma aún no realizada. (Fig. 37).

Representa una portada de tipo paladiano coronada por ancho frontón, en el centro de cuyo tímpano se abre gran arco de medio punto. No llegué a distinguir si sus dovelas son de tipo rústico o normales. Tampoco veo si al vano central en arco acompañan lateralmente otros dos adintelados. Son curiosos, por lo que tienen de tardío recuerdo plateresco, las eses o cartones que descansan

---

[41] Blanco. *La Catedral de San Juan Bautista de Puerto Rico*. "Alma Latina". 1936. Julio, 43-62. Balbuena. *La Catedral de San Juan de Puerto Rico*. "Arte en América y Filipinas". I. (1936) 114-123. Angulo. *Planos... en el Archivo de Indias*, lám. 270. Blanco. *El Monasterio de Santo Tomás de Aquino*. "Puerto Rico Ilustrado". XXVII (1936) n.° 1385. Cuesta, *Los Dominicos en el Puerto Rico Colonial*. (1521-1821) Méjico, 1946. Págs. 53, 185, 240. 314. Donativos reales y peticiones: 1522, 1524, 1535, 1548; se cita en construcción en 1528.

A la amabilidad de don E. T. Blanco debo los planos de la Catedral y de San José (Santo Tomás[1]) reproducidos en este trabajo.

No son antiguas las vidrieras conservadas en San José, algunas de las cuales se reproducen como tales en el folleto de H. W. Dooley. *Old churches of San Juan*. S. J. 1935. p. 32.

[42] La reproduje en mi *Historia*, fig. 648.

sobre ambos lados del frontón[43]. El estilo de la portada no está en desacuerdo con la fecha (1582) del plano del Archivo de Indias.

Acerca de las ruinas de Caparra, ha publicado un importante trabajo Hostos[44]. En relación con ellas, ha recordado el nombre del cantero Miguel de Aguilar, vecino de Caparra desde 1511 hasta 1519. A los azulejos allí encontrados me referiré más adelante.

Aunque sólo se trata de un fragmento decorativo, aprovecharé esta ocasión para reproducirlo, ya que por ignorarlo no lo hice en mi *Historia*, y tampoco lo publicó Weiss en su *Arquitectura cubana colonial*. Se trata de un bello monumento funerario colocado hoy en el patio del Ayuntamiento de la Habana. (Fig. 38).

Figura la fachada de un templo con frontón sobre cuatro columnas toscanas, y un querube en el tímpano. En el pedestal una inscripción latina nos dice que se labró para conmemorar la muerte de María Cepero, víctima fortuita de un disparo en 1557. Además de su valor objetivo, debido a la belleza de sus proporciones, posees para la Arquitectura cubana el indiscutible interés de su rareza[45].

---

[43] Agradezco muy sinceramente al teniente E. H. Ross la fotografía que en previsión de haber salido mal la tomada por mí, ha tenido la bondad de hacerme expresamente, así como los planos y fotografías remitidas de las fortalezas de San Juan. También estoy muy agradecido por sus gestiones, a nuestro cónsul general y canciller señores Amuedo y Pico.

[44] *Investigaciones Históricas,* San Juan, 1938.

[45] Lo reprodujo Pérez Beato *(Habana Antigua.* I. 91) cuando todavía aparecía cubierto por gruesa capa de pintura. Libre de ella, puede apreciarse la finura de su labor.

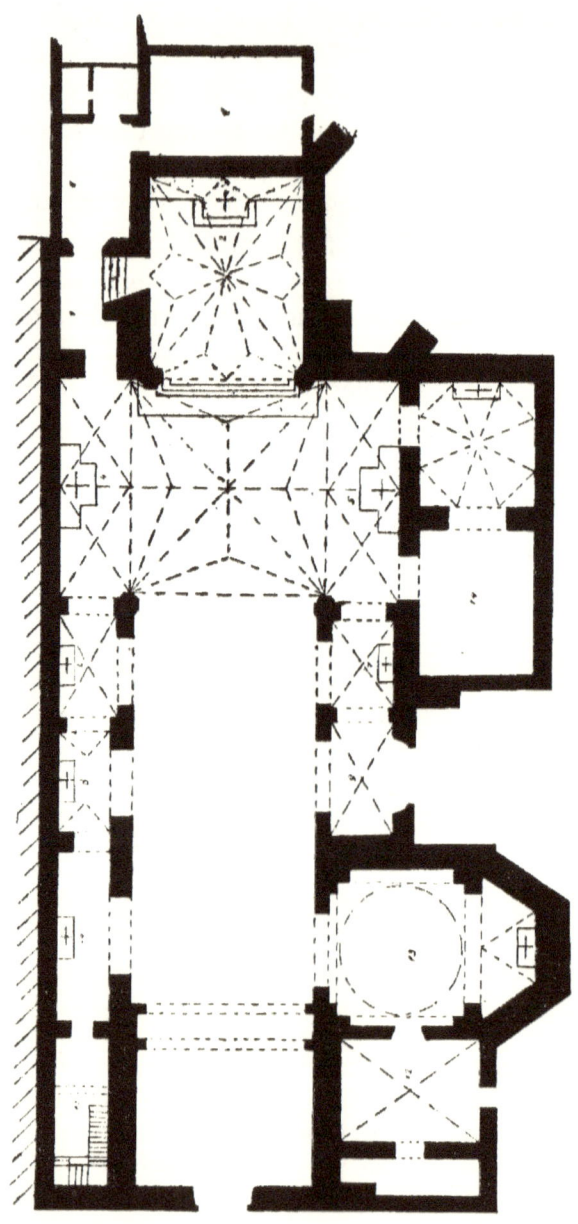

Iglesia de San José, de San Juan de Puerto Rico
(plano de D. Enrique T. Blanco).

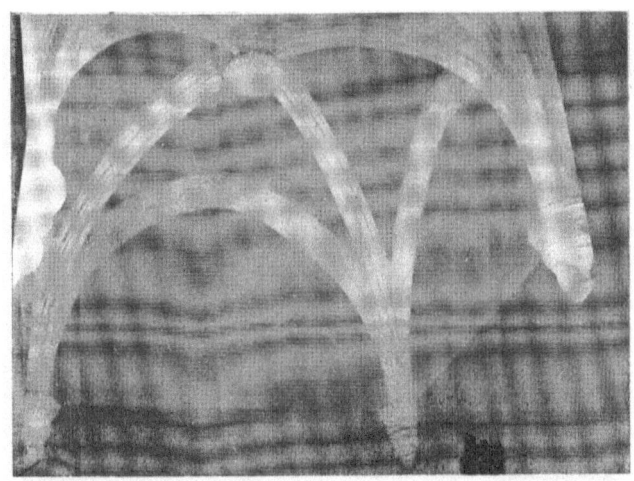

Fig. 34.—Bóveda de la Catedral. San Juan de Puerto Rico.

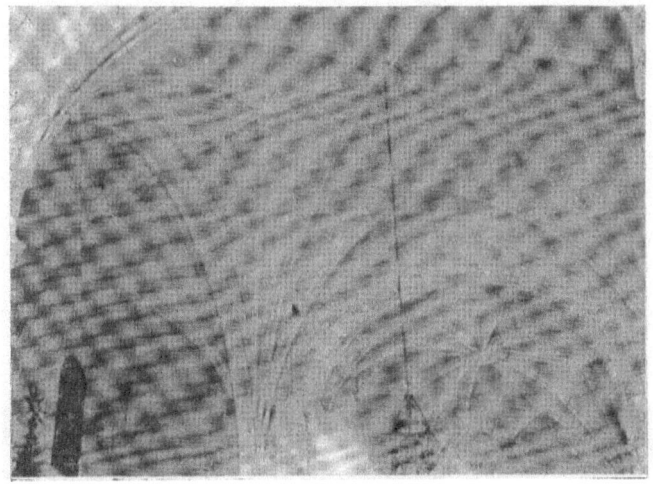

Fig. 35.—Bóvedas de la iglesia de San José.
San Juan de Puerto Rico.

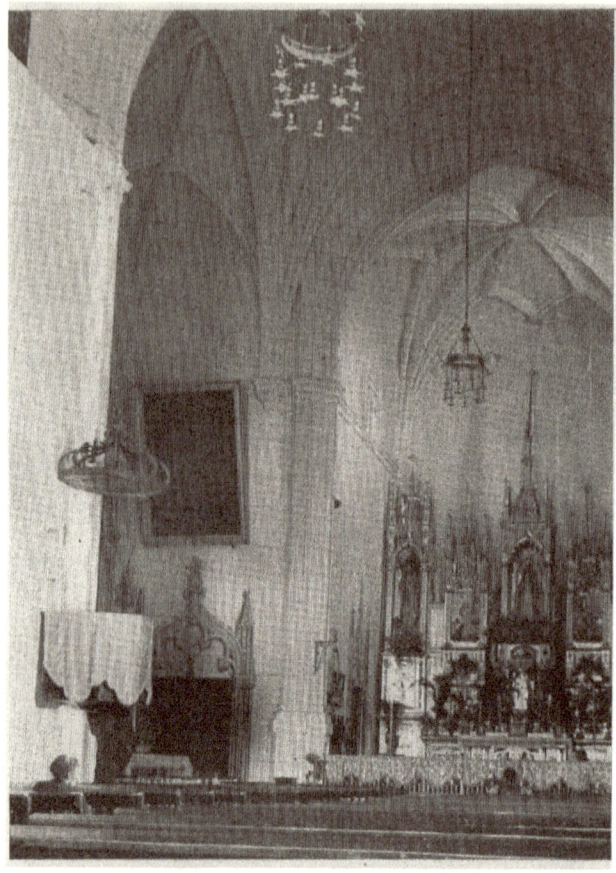

Fig. 36.—Iglesia de San José. San Juan de Puerto Rico.

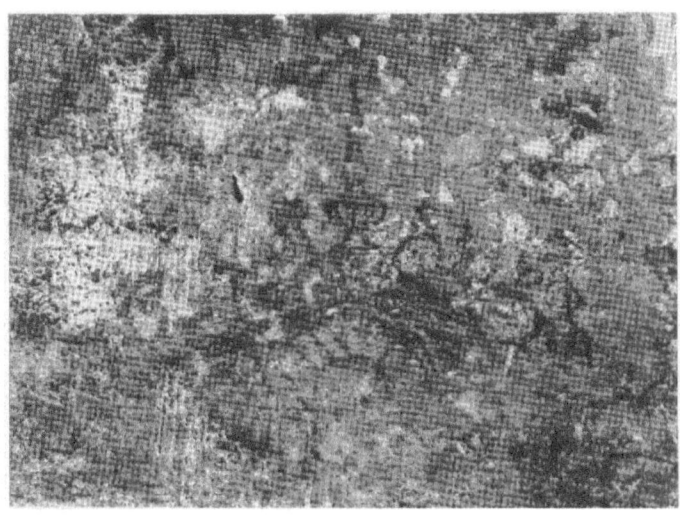

Fig. 37.—Dibujo mural del Morro de San Juan de Puerto Rico.

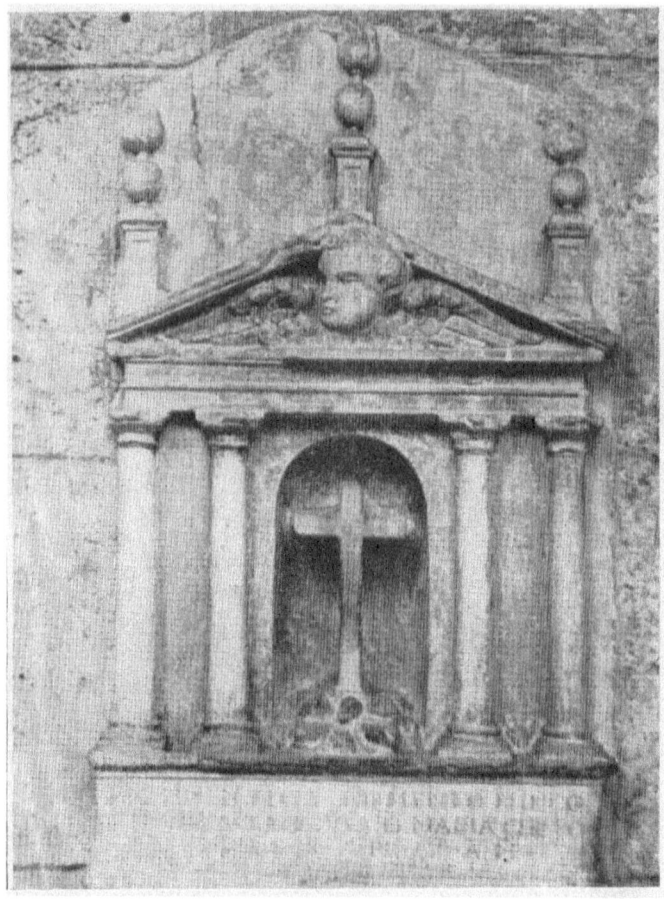

Fig. 38.—Monumento funerario de María Cepero, de 1557, en el
Ayuntamiento de La Habana.

Jamaica

Conquistada Jamaica por los ingleses en 1655, después de haber intentado apoderarse inútilmente dé Santo Domingo, tiene en su historia siglo y medio de vida española. Aunque sólo tenía noticia de una campana de bronce española conservada en el Museo de Kingston, me resistía a creer que no se conservasen otros restos artísticos, de los siglos XVI y XVII. En vista de ello, hice todo lo posible por incluiría en el itinerario de mi último viaje y, en efecto, aunque rapidísimamente, pude visitarla.

Las noticias de los cronistas españoles, los documentos conservados en el Archivo de Indias de Sevilla[46] y los testimonios ingleses de los siglos XVII y XVIII, nos hablan de un crecido número de poblaciones, y nos describen algún monumento que permite formarnos cierta idea de la importancia monumental de la colonia española.

Descubierta Jamaica por Cristóbal Colón en 1493 durante su segundo viaje, al regreso del cuarto (1503-504), cuando retornó con sus averiadas carabelas de recorrer América Central, se detiene en la costa Norte de la Isla, en la actual bahía de St. Ann, es decir, en la región donde más tarde había de fundarse Sevilla la Nueva. Hechas encallar allí sus naves, en ellas, espera y espera la llegada de nuevos navíos que le conduzcan a España; allí sufre la rebelión de los Porras, y allí pasa algunos de los días más tristes de su vida.

Transcurren algunos años. La Isla ha entrado a formar parte de las tierras concedidas a su hijo Don Diego, quien en 1509 nombra su primer gobernador a Juan de Esquivel. En su costa comienzan los colonos a formar nuevas poblaciones y la colonización, pese a

---

[46] *Jamaica under the Spaniards.* Kingston, 1919.

las constantes quejas y pesimismo de las comunicaciones oficiales pidiendo recursos o exenciones de impuestos, prospera, citándose un cierto número de poblaciones de cuya importancia no es fácil hoy formarse idea: Sevilla la Nueva, La Vega, Esquivel, Oristan, Melilla, Chorreras, Puerto Antón, etc.

De la Villa de la Vega, situada al Sur de la Isla, la actual Spanish Town, a escasos kilómetros de Kingston existe un testimonio de 1661, según el cual al llegar los ingleses, contaba dos mil casas y dieciséis templos entre las iglesias y capillas. Ya Long[47], el historiador clásico de la colonia inglesa, de fines del siglo XVIII, seguramente con razón, consideraba exageradas esas cifras. También debe de serlo la noticia de que los nuevos conquistadores sólo conservaron quinientas casas y dos iglesias, pero tal vez sea útil como indicio del notable decrecimiento de la ciudad y de las muchas ruinas todavía entonces conservadas. Se habla de una abadía, de dos capillas con las extrañas advocaciones de la Cruz Blanca y de la Cruz Roja; la actual Catedral de Spanish Town se considera construida sobre el emplazamiento de esta última; se nos dice que la casa del Gobernador quedó muy alterada por las adiciones que le hicieron los ingleses; y que otro edificio civil, según Long, de escaso interés, fue demolido en 1761. Testimonios españoles de 1611 nos hablan de la abadía, y de los conventos de Santo Domingo y San Francisco[48]. Todo ello denota que la Vega debió de ser una población relativamente importante.

Por desgracia, nada de ella se conserva, al menos visible. Y, en realidad, cuesta trabajo comprender cómo la obra de destrucción puede haber sido tan absoluta.

De Sevilla la Nueva, fundada en 1510, en la Costa Norte, junto al actual pueblecito de Saint Ann, poseemos noticias más fidedignas

---

[47] *The Historty of Jamaica or General Survey of that Island*, Londres. 1774.

[48] Cundall. Ob. cit. 34.

y concretas y, sobre todo, conservamos importantes restos arquitectónicos. Sabemos que en 1519 Garay la había cambiado ya de emplazamiento[49]. En 1534 se tachaba su emplazamiento de poco saludable, y se trataba de trasladarla, a donde después se levantó la ciudad de la Vega, como lugar más apropiado para el comercio con el Norte de América del Sur, es decir, al emplazamiento de la actual Spanish Town.

Sloane[50], que visita sus ruinas a fines del siglo XVII, nos ofrece algunas informaciones que en unión de los restos conservados, nos permiten formarnos idea de la importancia de la infortunada ciudad. Formaban parte entonces de la plantación del Capitán Hemming. En la actualidad, esas tierras constituyen una propiedad que lleva el nombre de la ciudad andaluza ("Seville Estate"), propiedad de Mr. Casserly[51].

Como es natural, una de las ruinas que llamó más atención de Sloane, fue la de la iglesia. Nos dice que era de ladrillo y piedra franca, que tenía dos filas de pilares y que medía treinta por treinta pasos. Supone que no llegó a terminarse. Su portada le pareció muy fina, y nos dice que sobre la puerta se veían la cabeza del Salvador, una Virgen, un escudo, y bajo éste la siguiente inscripción: "Petrus Martir ab Angleria Italvs Civis Mediolanen. Prothon. Apos. hvivs Insulae Abbas Senatvs Indici Consiliarivs Ligneam privs aedem hanc igne consumpta latericio et quadrato lapide primvs a Fundamentis Extruxit".

El texto es importante. Nos dice que, destruida por un incendio la primitiva iglesia de madera, la hizo construir de ladrillo y sillería el insigne Pedro Mártir de Angleria, abad de Jamaica y consejero de Indias.

[49] Cundall. Ob, cit. 4.
[50] Véase el importante artículo *The Architecture of Jamaica*, "The Architect & Contrac Reporter", 1902, agosto, 29, pág. 140.
[51] Con mucho gusto le expreso desde aquí mi agradecimiento por las atenciones recibidas durante la visita a las ruinas.

Desgraciadamente, esa inscripción no se conserva, pero quien haya leído los encendidos párrafos latinos de las epístolas de Pedro Mártir, dando cuenta de las noticias estupendas llegadas de América en el primer cuarto del siglo, comprenderá todo su sentido. Aunque no llegó a poner pie en América, canta en ellas sus excelencias, en tono muy semejante al que empleara en sus momentos de optimismo su paisano el arzobispo Geraldino, en la vecina Santo Domingo. Desde que el Emperador le presenta para la abadía de Jamaica, siempre que se refiere a ésta, le llama su esposa; sus cartas nos refieren sus proyectos de construir el templo, nos dejan oír la voz del Emperador refiriéndose a esta iglesia de la lejana Jamaica, y hasta nos permiten verle sonreír cuando Pedro Mártir le pide fondos para construirla; en ellas nos cuenta también cómo el César ha decidido crear un Consejo de Indias, y cómo le ha designado miembro de él.

El 13 de Junio de 1525 escribe al Arzobispo de Cosenza, desde Toledo:

"De nosotros a las Indias y de las Indias a nosotros, es más frecuente el ir y venir de flotas que el de los borricos de carga de unas ferias a otras. El veintiséis de abril se dio a la vela una armada de veinticuatro naves. En ella va Juan Mendigorría, cántabro, familiar mío, a quien conoces. Le envío a que salude a mi esposa, la isla de Jamaica, reino afortunado que tiene setenta leguas de longitud de Oriente a Poniente y treinta de latitud; donde no se conoce el rígido invierno ni el tórrido estío... donde todo el año están frondosos los árboles y a un mismo tiempo cargados de frutos verdes y maduros; donde los prados están siempre en flor."

"Se han erigido en aquella isla dos colonias, las cuales, aunque habitadas por pocos ciudadanos, quiere el César que disfruten el nombre y las prerrogativas de las ciudades. Llaman a la una Sevilla, la otra Oristania. En ambas se han quemado los templos, porque estaban hechos de madera y paja. He dispuesto que con los réditos de mi sede primaria que es Sevilla, se comience a edificar un templo de piedra y se haga por lo menos el sagrario de piedra, en el cual esté segura la Sagrada Eucaristía con los ornamentos, para que en adelante no queden expuestos a semejante peligro.

Tanto manda el César que se gaste a petición mía. He enviado a este mío (Mendigorría) para que desempeñe el oficio de ecónomo y cuestor y recaude los emolumentos. Es de desear que surquen felizmente el Océano"[52].

El propósito de labrar la iglesia nació en Pedro Mártir inmediatamente después de ser presentado por Carlos V para la prelatura abacial. El 3 de agosto del año anterior, al pedir al arzobispo de Cosenza que despache las bulas, le cuenta cómo al saludar al César, para darle las gracias, le dijo: "Prometo emplear las rentas íntegras del primer año, sin deducir gastos, en levantar el templo de la Abadía; piadoso es el César, piadosa es la obra; ejercita en este caso tu piedad como sueles en otros; abra también la mano vuestra Magestad." "Se sonrió, "agrega", y mandó que se diera otro tanto del real fisco. Le sacaré más algún día, cuando ya se haya comenzado la obra. Para ésta mandaré alguno de mis familiares"[53].

Como parece deducirse de las cartas anteriores, el templo no debió de comenzarse mucho antes de fines de 1525, y a lo sumo a principios del mismo. Muerto[54] Pedro Mártir en 1527, hubo de labrarse el templo hasta la parte donde se encontraba la inscripción en muy poco tiempo: en septiembre de 1526 sabemos que el rey concedía cien mil maravedís para la continuación de las obras. Muerto Pedro Mártir hacía años, en 1533, la iglesia continuaba sin terminar, y el monarca ordenó que se construyese desde luego, a cargo de la corona, la capilla del Santísimo, y se terminase el resto del templo según las normas corrientes[55]. Como el año

---

[52] Traducción española de 1892, vol. I, p. 73.
[53] Ibídem, 84. De esta concesión del Emperador a la obra de la iglesia de una cantidad igual a la "donada por Pedro Mártir da noticia también Herrera *(Década* III. lib. VII; cap. I). El (III. I. X., c. IX) nos dice además que en 1526 autorizó la inversión en la iglesia de la limosna de cien mil maravedís que hiciera al Hospital, en vista de la solicitud de los vecinos con los enfermos forasteros, únicos existentes en la población.
[54] Utrera. *Dilucidaciones,* II, 103.
[55] Cundall, ob. cit. 7, 9.

siguiente se trataba del traslado de la ciudad, es muy probable, según supone Sloane, que el templo quedase sin terminar. Las noticias de Sloane parecen ser fidedignas. Era de tres naves, de ladrillo y sillería, y la decoración escultórica de su portada permite presumir un cierto lujo.

Aunque de muy escasa altura sobre el nivel del terreno, sus muros se conservaron hasta fecha recientísima, hasta que hace menos de cinco años, fueron volados con dinamita para aprovechar sus sillares en una iglesia moderna que se ha construido a pocos metros de distancia. El hecho es verdaderamente vergonzoso. ¡Y se tilda de bárbaros a los conquistadores españoles del siglo XVI por haber destruido monumentos indígenas! Indudablemente, esta destrucción en nuestros días, y en una Isla donde son contadísimos los restos de los monumentos levantados en los primeros tiempos de la colonia, constituye una página negra en la historia de la cultura en Jamaica.

En la actualidad sólo puede verse la tierra removida en la parte de los muros del templo. Por suerte, Mr. Casserly recuerda bien las ruinas antes de su voladura, y a pesar de no dedicarse a los estudios artísticos, gracias a su espíritu observador ha podido facilitarme algunas noticias, que, debidamente interpretadas, merecen recogerse. Los muros laterales tenían seis contrafuertes, y la capilla que también los tenía en los ángulos, era poligonal. Esa capilla, me aseguró que tenía cinco lados, debiendo, por tanto, deducirse que era más estrecha que el cuerpo del templo[56].

Se trataba, pues, de un templo probablemente gótico. Si efectivamente tenía dos filas de pilares, como dice Sloane, y contrafuertes, parece lo más razonable pensar en una iglesia de tres naves totalmente abovedadas, es decir, en un templo de tipo un tanto excepcional para las Antillas. Las proporciones casi cuadradas de treinta por treinta pasos, permiten sospechar que efectivamente no debió de terminarse.

---

[56] Me confirmó esa interpretación el hecho de que considerase de tres lados la capilla mayor del templo moderno levantado junto a las ruinas, templo de una sola nave y de igual anchura que la capilla.

Según Sloane, Sevilla la Nueva debió de ser grande, y aducía en defensa de su opinión el hecho de haberse encontrado un pavimento a dos millas de la iglesia. Lo que sí puede asegurarse es que el núcleo de ruinas más importante se encuentra hoy a cierta distancia de la iglesia.

Son unos muros de escasa altura sobre el nivel del suelo pertenecientes a un importante edificio, cuya planta es difícil conocer sin una ligera excavación, pero que tiene más caracteres de vivienda que de templo. Consérvase en bastante buen estado un pozo de ladrillo de planta cuadrada con dos arcos escarzanos que lo atraviesan en toda su anchura en la parte superior, más otras dos que cabalgan sobre los anteriores. Sobre la boca cuadrada, así muy disminuida, descansa el brocal circular. Parece que estas ruinas deben de ser las denominadas El Monasterio[57] en tiempos de Sloane, donde existían dos escudos que él creyó de la familia de Colón. Pero la excepcional importancia de esas ruinas, se debe al descubrimiento hecho por Mr. Casserly en 1937, dentro del pozo y en su alrededor, de los restos de una riquísima portada plateresca, de fina piedra blanca, hoy depositados en el Museo de Kingston[58].

Estos restos, son los siguientes:

Dos jambas de 1,30 ms. aproximadamente de altura, por unos 0'40 ms. de ancho, con bella decoración de grutescos en sus frentes y de candelabro en su interior. Una media columna de grandes proporciones (2'00) abalaustrada con igual riqueza decorativa que las jambas, a que falta el tercio inferior y el capitel. Dos dinteles, con un escudo en el centro; el uno sostenido por dos leones, y el otro por dos bichas. Dos trozos de cornisa decorada con el

---

[57] En 1522 había ya frailes franciscanos en la isla. Fueron a visitarlos Juan de Tecto y Juan de Arévalo. Cundall. Ob., cit. 6.

[58] Agradezco muy sinceramente a Mr. H. Paget, representante del British Council sus eficaces gestiones para que se me enviasen las fotografías que reproduzco; al Secretario del Instituto de Jamaica Mr. E. Deuchars el habérmelas remitido graciosamente. También quiero expresar desde aquí mi reconocimiento a nuestro cónsul don Daniel Savio por sus atenciones durante mi visita a Kingston y Spanish Town.

cordón franciscano, uno de ellos con una parte resaltada correspondiente al soporte, otro trozo de cornisa, y por último, un pedestal con decoración de armas pendientes de una cinta (0'63), y una gran piedra cuadrada (0'51) ligeramente cóncava probablemente del intradós de un arco. (Figs. 39 a 48).

Desde el punto de vista decorativo son las dos jambas y la media columna las piezas más importantes. Los frentes de las jambas, con ese afán de variedad propio del estilo, aunque repiten el mismo esquema de un eje central con roleos a uno y otro lado, sus temas decorativos son diferentes. Presenta la una en la parte inferior dos figuras humanas con el cuerpo de follaje, mientras en la otra aparecen dos monstruos alados con cabeza de animal; en las dos parejas de roleos que ascienden sobre esas dos figuras es particularmente bella la segunda, por los dragones y los caracoles que muestran en sus centros.

Este conjunto de decoraciones platerescas de Sevilla la Nueva, creo que son del mayor interés, no sólo para la historia de la arquitectura en América, sino para la de la propia Península. A juzgar por su estilo, pertenecen a una fecha bastante antigua dentro del período de introducción del Renacimiento en España, siendo curioso advertir al lado de algunos rastros góticos, una finura en el trazado de los grutescos, una elegancia, y una claridad, que en partes, como el interior de las jambas, es de un clasicismo sorprendente, casi augusteo. Que quien labró estas bellas decoraciones no era, en cambio, escultor, lo demuestra su torpeza al representar los animales que flanquean los escudos.

Con todas las reservas naturales, creo que el autor de estas espléndidas decoraciones renacentistas debe de pertenecer a la generación inmediatamente posterior a Lorenzo Vázquez, es decir, que su obra debe de corresponder a principios de la tercera década del siglo. En la Península, a juzgar por su estilo, podría pensarse en una fecha bastante anterior.

No sé si en el trozo inferior que falta en el escudo de las doce estrellas y diez panelas, habría una estrella más hasta completar las trece del conocido apellido Salazar, y del de Meneses. Las diez panelas, solas o con borduras, son propias, entre otros, de los siguientes apellidos: Arrate, Baños de Pedroso, Barco, Gamarra, Garayzabal, Hurtado, Montoya, Corcuera, Aguerreta, Baizábal. No encontré ningún apellido que combine ambas armas. Sólo encuentro algo parecido en el apellido Laya con once estrellas y cinco panelas. El otro escudo presenta un lobo con presa en la boca ante un roble y un castillo. Aunque invertidas, encuentro esas armas en los apellidos Arregui y Gaínza. Desligadas, son frecuentes.

Ahora bien, ninguno de esos apellidos los encuentro ocupando puestos importantes en Jamaica durante el primer tercio del siglo XVI. No sé si el segundo de los escudos podrá relacionarse con Sánchez de la Torre[59], nombrado inspector de fundiciones en 1525, como sucesor de su padre del mismo apellido.

Aunque con bordura de sotueres y sin unir en un mismo escudo el árbol con el lobo y el castillo, los emplea el apellido Garay[60]. Los Garay de Berriz presentan el lobo con presa ante una encina, mientras los Garay de Vizcaya usan escudo cortado con castillo a la izquierda. Sabido es el importante papel desempeñado por Francisco de Garay en Jamaica de 1514 a 1523.

Tal vez el apellido Garaizábal citado en relación con el otro escudo pudiera reforzar la sospecha de que se tratase de Garay.

Más difícil resulta relacionar el escudo de la torre y el lobo con Matienzo[61], que como es sabido, fue primer abad de Jamaica, pues además de carecer de timbre abacial, la torre y el árbol que figuran en ese apellido contienen otros elementos importantes que faltan en el escudo de Jamaica.

Al entregar este trabajo a la imprenta no he podido llevar más adelante mis búsquedas heráldicas. Ignoro si se conoce el escudo de Francisco de Garay, hacia quien parecen apuntar los datos que logré reunir. Consta[62] que en 1519 había construido un fuerte en

---

[59] Cundall. *Jamaica under the Spaniards*. 6.
[60] García Caraffa. *Enciclopedia Heráldica*, Madrid. 1930, t. 37, lám. 4.
[61] García Caraffa. Ob. cit. t. 55, lám. 4.
[62] Cundall. Ob. cit. 3, 10.

Sevilla; en 1534 se habla de una casa de piedra a manera de fuerte. Llamaré la atención, por último, sobre el cordón franciscano que decora uno de los trozos arquitectónicos (fig. 52), tal vez debido a ser terciario franciscano quien mandó construir el edificio, o debido a motivos de otra índole.

Si efectivamente son tan antiguos como supongo estos restos arquitectónicos del Instituto de Jamaica, se comprenderá su gran interés para la Historia del Arte en América. No existe ninguna obra decorativa de su importancia que le supere en el mismo Santo Domingo donde, como es sabido, no se comienza la catedral hasta esos años. Por otra parte, como dejo dicho, no nos encontramos ante una obra de puro interés local o cronológico para la historia de su estilo; su decoración de grutescos y candelabros es de excelente calidad.

Comparadas con el importante hallazgo de Mr. Casserly, las restantes ruinas de Sevilla la Nueva pueden decir muy poco en una simple visita.

Entre ellas, la más importante por su volumen, es un trozo de muro de escasa altura, con troneras, que se considera obra española.

Aunque al parecer sin importancia, quisiera llamar la atención sobre una cala hecha por Mr. Casserly a escasa distancia del supuesto "monasterio". En ella, a unos dos metros de profundidad, revueltos con otros tronos de muro, encontré tres ladrillos todavía unidos con uno de los ángulos, matados por una moldura cóncava en cuarto de círculo. La ligera inclinación de los ladrillos delataban las dovelas de un arco; pertenecieron, pues, probablemente a una puerta de estilo sevillano. Es decir, al lado de las galas renacentistas en piedra de la puerta del Museo, los albañiles, siguiendo su tradición morisca, dejaron también en Sevilla la Nueva su huella andaluza tan patente en Santo Domingo.

Todos estos escasísimos restos del primer tercio del siglo XVI, pobres náufragos de una de las mayores catástrofes artísticas sufridas por las Antillas desde que españoles pusieron pie en ella, nos delatan dos realidades, creo que importantes, para la historia de Jamaica, tanto desde el punto de vista histórico como artístico.

En primer lugar, la de que a pesar de los intentos de abandono que se citan en los primeros años del siglo XVI y del tan encarecido escaso interés por la Isla, debido a su falta de oro, se comenzó en fecha temprana la construcción de edificios no sólo permanentes, sino importantes y decorados con verdadero lujo. En segundo lugar, que en esa temprana fecha trabajó en Nueva Sevilla, un entallador renacentista tan de primera calidad como los que por esos años decoraban los palacios y templos peninsulares. Cuando probablemente apenas se había comenzado en estilo gótico la catedral en Santo Domingo, y se labraban en ese estilo muchos edificios de la Península, los titulares de esos escudos hicieron labrar en Jamaica una bella portada con arreglo a la última moda llegada de Italia.

Naturalmente, no puedo pensar que en Jamaica se llegase a construir durante el siglo XVI ninguna ciudad de la categoría monumental de Santo Domingo, pero no creo aventurado suponer que tanto en Sevilla la Nueva como en La Vega, se levantaron templos y casas góticas y renacentistas, como los de la bella población del Ozama. Víctima de los terremotos, los huracanes y los nuevos colonos, nadie podía sospechar, hasta que Mr. Casserly descubrió los hermosos restos expuestos en el Museo de Jamaica, que los españoles hubiesen labrado en los primeros treinta años de su presencia en la Isla una obra de esa importancia y de esa calidad artística. El elogio de Sloane a fines del siglo XVII, a la ruina de la puerta del templo con la dedicatoria de Pedro Mártir de Angleria y las cabezas de la Virgen y del Salvador, nos dicen que la portada del Museo no fue única.

Confiemos en que los proyectos de hacer algunas excavaciones en Sevilla la Nueva de que me habló Mr. Paget, representante del Consejo Británico, serán realidad, y podrán descubrir algo de lo que la adversa fortuna y la voluntad de los hombres destruyeron y ocultaron a nuestra vista.

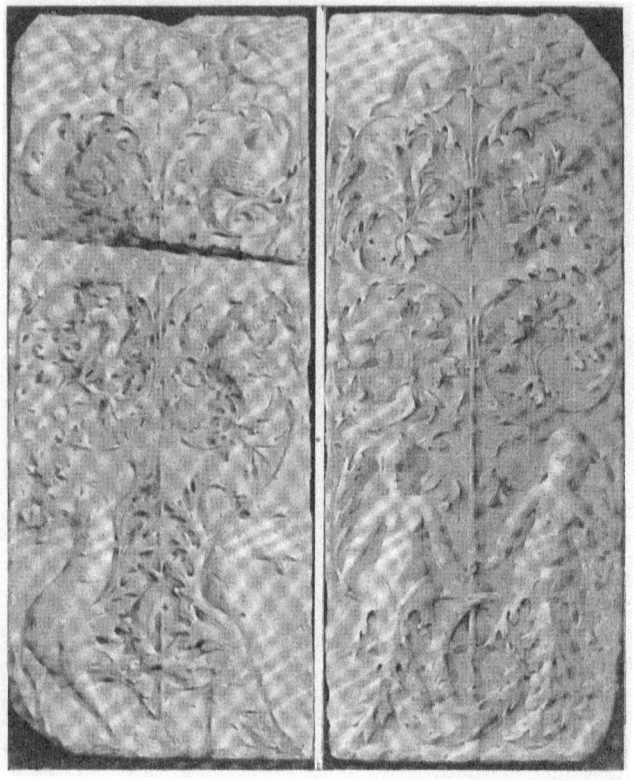

Figs. 39 y 40.—Jambas conservadas en el Instituto de Jamaica.
Kingston.

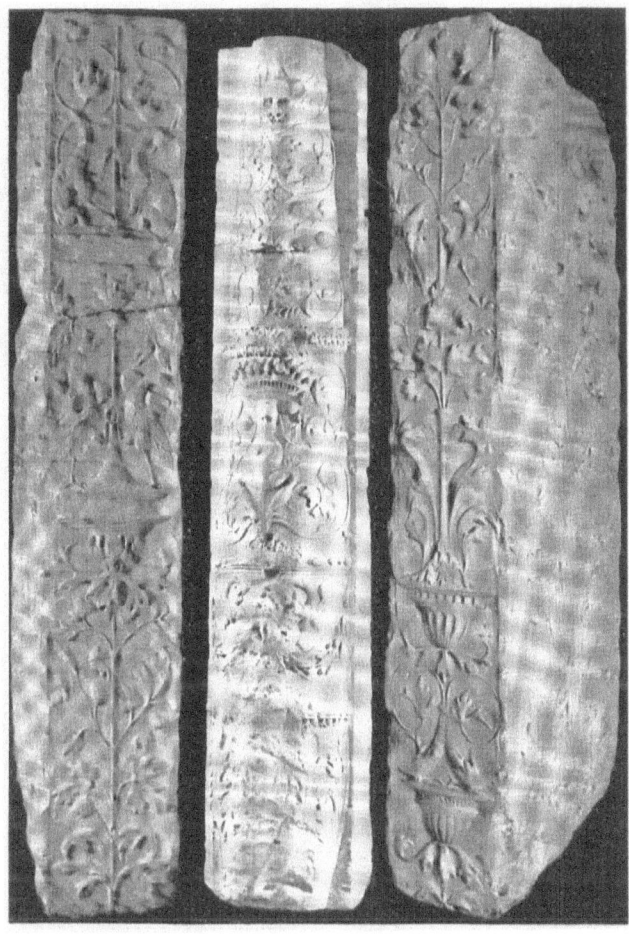

Figs. 41 a 43.—Jambas y fuste abalaustrado conservados en el Instituto de Jamaica. Kingston.

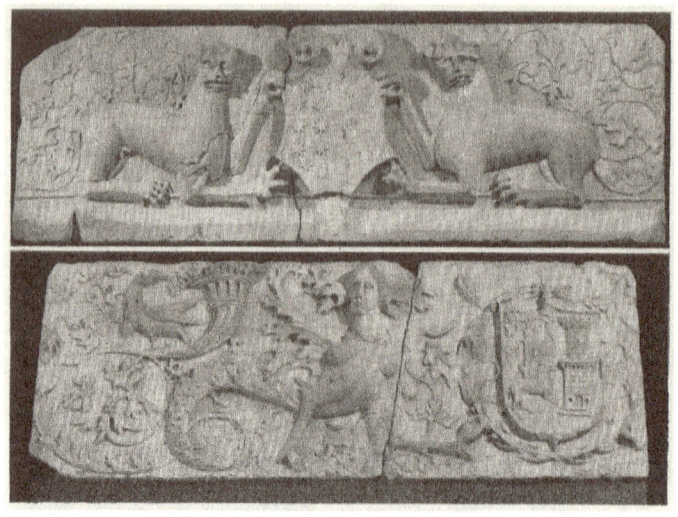

Figs. 44 y 45.—Dinteles con escudos conservados en el Instituto de
Jamaica. Kingston.

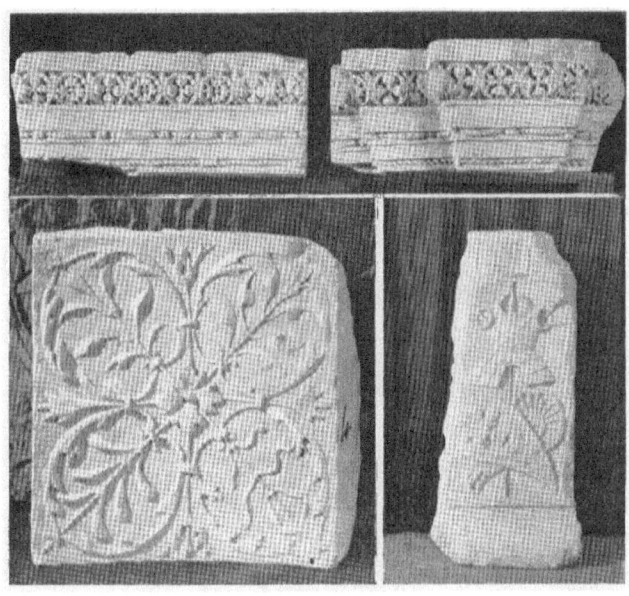

Figs. 46 a 48.—Restos arquitectónicos conservados en el Instituto
de Jamaica. Kingston.

Escultura

L a mayor devoción de los hispanoamericanos, hijos legíti-
mos en esto de los peninsulares, por las imágenes de escultura, ha hecho que éstas se renueven con demasiada fre-
cuencia para que puedan haber llegado a nosotros en su estado
primitivo. De ahí el gran interés de lo poco conservado.

Del siglo XVI he podido fotografiar en las Antillas tres obras particularmente valiosas.

En el almacén de la catedral de Santo Domingo se guarda una hermosa imagen de la Virgen con el Niño, que bien merece ser devuelta al culto, sobre todo, si se dispusiese de un hábil restaura-
dor. (Fig. 49). Es obra del último cuarto del siglo XVI; tal vez ya
de fecha muy próxima a 1600.

Probablemente, de escuela sevillana; la grandiosidad con que ha
sido concebido el tema y la monumentalidad de la actitud, nos
dicen cómo están ya lejanos los día en que Roque Bolduque y sus
imitadores poblaban desde mediados de siglo las iglesias andaluzas de graciosas imágenes, de cuerpo grácil y movidas actitudes.

Como había de hacer Alonso Cano treinta años después en Le-
brija, al desplazar la Virgen la figura del Niño hacia un lado, su
busto luce sereno y majestuoso sin que distraiga nuestra atención
el juguetón desnudo infantil. El Salvador, en actitud majestuosa,
sentado como un emperador romano en el trono que le forman
los brazos maternos, apoya la izquierda en el mundo, mientras
bendice con la derecha.

Seguramente obra importada, la Virgen del Seminario de San Juan
de Puerto Rico (Fig. 51), es una de las esculturas de estilo renacentista más bellas de América. Es fruto de ese período del tercer

cuarto del siglo en que la escuela sevillana crea sus mejores imágenes de la Virgen con el Niño. Durante cerca de unos veinte años el flamenco Roque Bolduque había creado en Sevilla un crecido número de grupos de la Virgen con el Niño de influencia decisiva en las interpretaciones escultóricas marianas de su época. Eran grupos en que la Virgen, de figura graciosa, y a veces movida, sostiene al Niño, casi indefectiblemente en el lado izquierdo, sobre su corazón. A veces juega con una granada o con una piña; otras, también como jugando, nos bendice. Cuando el escultor flamenco termina su carrera, aparece en Sevilla el castellano Juan Bautista Vázquez. Las interpretaciones marianas que de él conocemos o creemos conocer, nos lo muestran poseído por ese mismo sentido humano tan característico del arte renacentista que se vació en la interpretación del amor maternal como en pocos temas. Pero dentro de esa actitud espiritual, siente particularísimo interés por el recogimiento de las composiciones. El medallón de la Virgen con el Niño que se le atribuye en la portada de la Universidad de Sevilla, se distingue, no sólo por la emoción de su rostro, sino por la forma admirable como sabe encajar la figura del hijo en la de la Madre, en las líneas fundamentales de los ropajes de ésta, y en el óvalo mismo que les sirve de marco.

Pues bien, con este maestro parece relacionarse la Virgen portorriquense, ya que es una réplica de la Virgen con el Niño de la iglesia de la Magdalena de Sevilla, que con razón se considera del círculo del maestro[63], y obra de hacia 1565. (Fig. 50).

La Virgen de la Magdalena es, sin duda, una de las interpretaciones marianas más emocionadas y mejor compuestas que produjo la escultura sevillana. Con ese sentido de relieve tan frecuente en nuestros escultores renacentistas, incluso cuando trabajan en bulto redondo, envuelve las figuras de la Madre y del Hijo en una silueta blandamente seguida, sin quiebra importante alguna. El Niño, al recostar su rostro sobre el de la Virgen, no desplaza sus brazos ni sus pies como los de Roque Belduque; queda, por el contrario, como recogido dentro de estas suaves líneas curvas que

---

[63] Hernández. *Iconografía hispalense de la Virgen-Madre en la escultura renacentista.* "Archivo Hispalense". 1944, n.° 3 y 4.

describen la cabeza inclinada de María, su brazo caído sobre la cadera₂ y los amplios arcos de los plegados de su ropaje que, en sentido opuesto, se contraponen al movimiento de las líneas anteriores. Como centro de tanto ritmo lento, y tan amorosamente cuidado, aparece un bello rostro transido de cariñosa emoción maternal. La réplica portorriquense de la Virgen de la Magdalena, en nada inferior al ejemplar sevillano, es buena prueba de la alta estima y gran devoción que debió de inspirar el prototipo desde el primer momento. Ante ella no puede por menos de recordarse aquel contrato notarial[64] de Sevilla que nos cuenta cómo cierto impaciente viajero, en vísperas de embarcar para Indias, no pudiendo esperar a que le hiciesen una réplica de la imagen que el artista tenía terminada en su taller para un cliente del país, se la vendió, comprometiéndose con éste a esculpirle otra igual.

San Juan posee, además de la Virgen del Seminario, otra importante imagen del siglo XVI. El Cristo llamado de los Ponces es también una hermosa escultura renacentista. Tiene (Figs. 51 y 53) su leyenda[65]. Enviado por Nicolás de Ovando a Juan Ponce de León desde la Península, el barco que lo traía se estrelló en la misma entrada del puerto, salvándose milagrosamente el Crucificado, que continuó flotando sobre las aguas. Una nieta del conquistador lo regaló al actual templo de San José, donde hoy se venera. La historia es la corriente, y más en América, donde los peligros de la travesía debían convertir en frecuente realidad lo que en tantas historias piadosas es simple fantasía. Pero lo imposible de admitir, es la temprana fecha del primer cuarto del siglo XVI. Muerto J. Ponce de León en 1521, el Crucifijo no puede ser anterior a esa fecha. Probablemente es obra próxima a mediados de siglo. Cuando conozcamos mejor los escultores que trabajan en Sevilla durante ese período, tal vez podremos saber el nombre de su autor. Sin pretender atribuirlo a la misma mano, por lo demás anónima, sí advertiré que la obra con que le encuentro hasta

---

[64] Publicado en López Martínez. *Desde Martínez. Montañés...* Sevilla, 1932, p, 41.
[65] Coll. *Tradiciones* I. 25.

ahora más relacionado, es el Cristo de los Martirios en Santa María de Carmona[66].

El Crucificado de San Juan es una hermosa muestra de nuestra escultura renacentista de mediados de siglo, en que toda huella de ese goticismo tan patente todavía veinticinco años antes, ha desaparecido, y en que el clasicismo que imperará más tarde haciendo triunfar la serenidad del Dios sobre el dolor del hombre, aún no se deja sentir. El Salvador no se revuelve sobre la cruz con el dramatismo de Berruguete, pero su cuerpo tiene su misma tensión de músculo trabajado y nervioso, sin las monstruosidades miguelangescas de un Becerra. El dramatismo lo ha concentrado el escultor en el rostro[67].

---

[66] Reprodúcese en *Catálogo Arqueológico y Artístico de la provincia de Sevilla*, Sevilla, 1943- Fig. 165. Aunque en la reja de la capilla se lee la fecha de 1537, Hernández consideró el retablo de hacia 1550. El relieve del Descendimiento que sirve de fondo en Carmona al Crucificado es copia de la estampa Atarcantonio, que tanta difusión tuvo entre nosotros. Véase mi artículo sobre La *Pintura del Renacimiento en Navarra*. "Príncipe de Viana" IV, n.° 13.

[67] Aunque no es probable que pueda relacionarse con este Cristo, recordaré en este lugar que en 1571 se pagaron 2.000 maravedises al pintor Alonso de León por "un Crucifixo de bulto con su cruz dorado y pintado" que se envió a Puerto Rico, según consta en el Archivo de Indias 39-2-1/8-Gestoso. *Diccionario de artífices*. 111. 347.

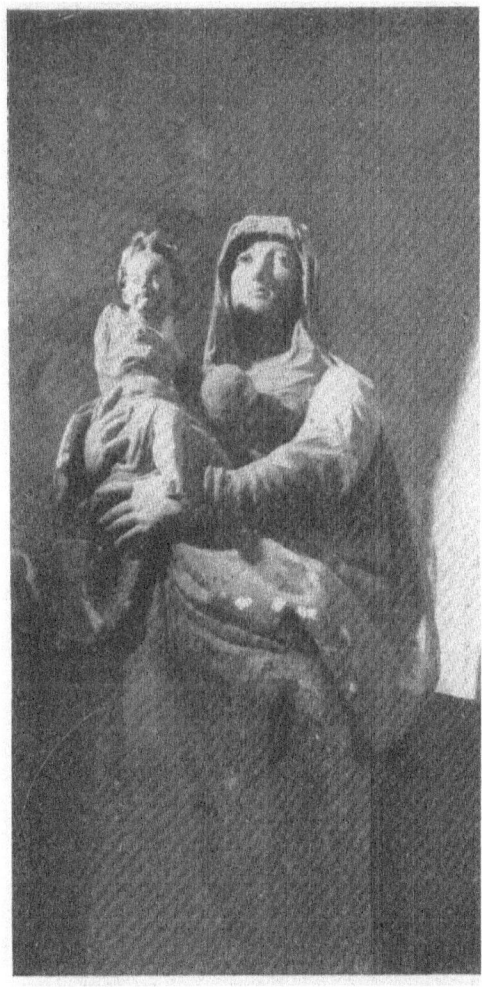

Fig. 49.—Virgen con el Niño, en la Catedral de Santo Domingo.

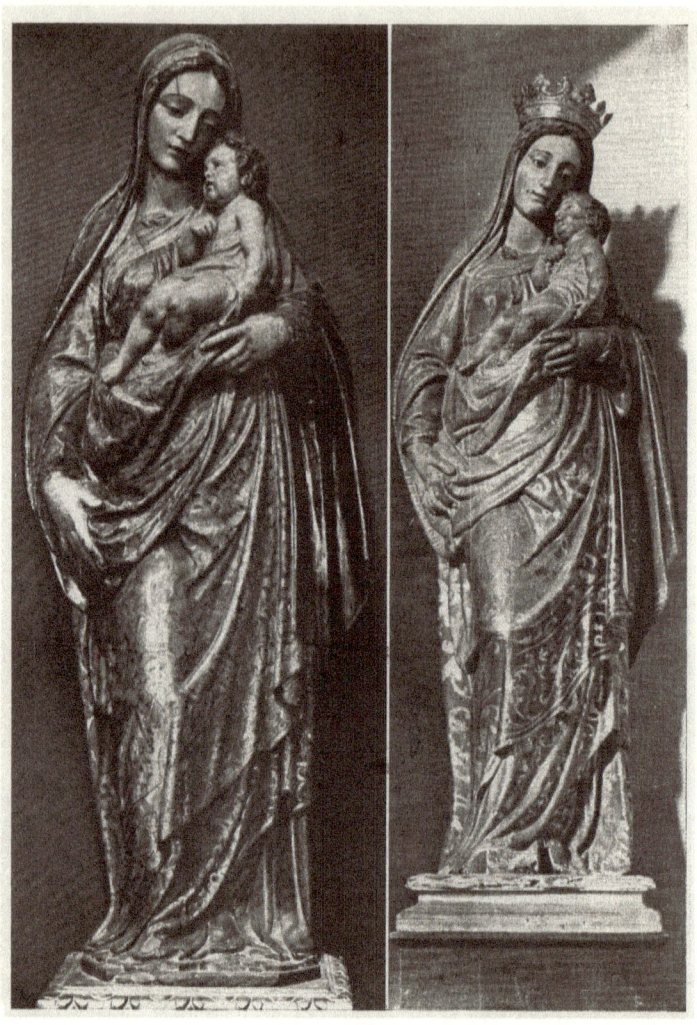

Fig. 50.—Virgen con el Niño, de la iglesia de la Magdalena, de Sevilla.

Fig. 51.—Virgen con el Niño, del Seminario de San Juan de Puerto Rico.

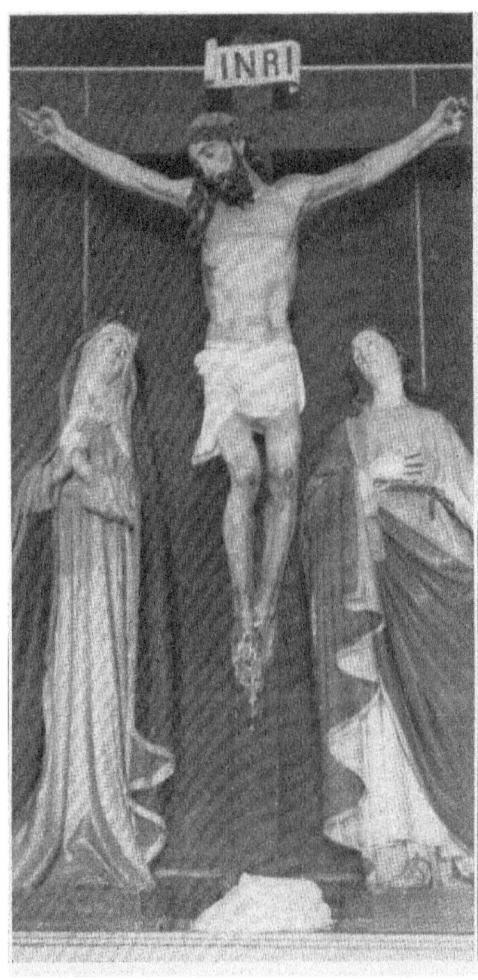

Fig. 52.—Cristo de los Ponces, en la iglesia de San José, de San
Juan de Puerto Rico.

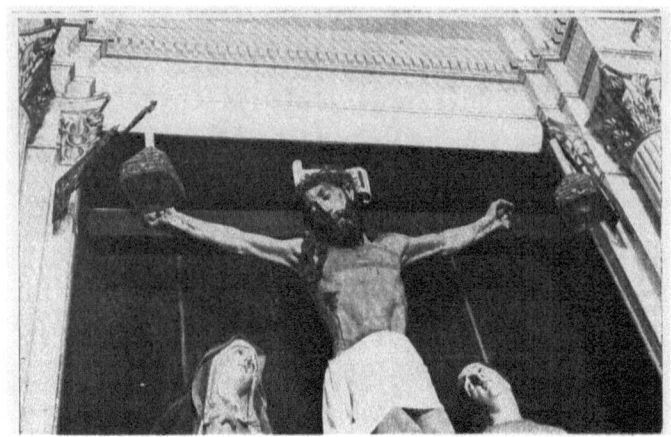

Fig. 53.—Cristo de los Ponces, de la iglesia de San José, de San
Juan de Puerto Rico.

Pintura

No son ricas las Antillas en pintura del siglo XVI. Tal vez no lo fueron nunca, pero seguramente lo conservado es una parte mínima de lo que existió. Sobre todo, respecto de Santo Domingo, donde tan gran florecimiento tuvo la arquitectura, y donde no faltaron los escultores, no parece razonable pensar otra cosa.

Como en la propia Península, al lado de las pinturas de escuela española llegaron a las Islas, probablemente desde fecha temprana las tablas flamencas, y en fecha temprana también de los tiempos modernos debieron de salir de nuevo, entonces con rumbo a colecciones y museos. Aunque todavía apenas estudiadas, es ya sabido el gran número de tablas que existen en las Islas portuguesas del Atlántico y en las Canarias. Con más dinero que en ellas, otro tanto debió de suceder en las Antillas. Pero desgraciadamente el único testimonio de ese capítulo de la pintura flamenca en el Caribe a que puedo referirme, es la Virgen de Belén en la iglesia de San José de San Juan de Puerto Rico.

Represéntase en ella a la Virgen de medio cuerpo, dándole el pecho al Niño. La agrupación, según es frecuente en la pintura flamenca de la segunda mitad del siglo, es de tradición rogeriana, e incluso modelos rogerianos recuerdan la cabeza del Niño. Por su estilo debe de corresponder ya a los últimos años del siglo XV. Sus semejanzas con el Maestro de la Historia de José[68] me hace pensar en que pueda ser un maestro bruselés.

---

[68] Friedländer. *Die Altniederländische Malerei*, IV, láms. 60-62. Acerca de la historia de la tabla portorriqueña véase Blanco. *La Virgen de Belén de la iglesia de San José*, "Puerto Rico Ilustrado", 27 enero-1945. Apunta la idea de que pudiera proceder de la colección de Isabel la Católica.

La gran tabla de la Virgen de la Antigua de la catedral de Santo Domingo, según inscripción moderna de la capilla donde se encuentra, después de ser regalada por el cabildo a Isabel II, fue devuelta por ésta al templo en 1862, para que se colocase —así se dice allí—, donde la puso Cristóbal Colón por mandado de los Reyes Católicos. Aunque no pueda concederse gran crédito, como veremos, a la segunda parte de esas noticias, no parecen existir motivos especiales para dudar de que la tabla se pintó para Santo Domingo. Si en efecto así es, nos encontramos ante una de las pinturas españolas enviadas desde España en fecha más antigua, que conservamos. (Figura 54).

La vieja pintura mural de fines del siglo XIV de la Virgen de la Antigua de la catedral de Sevilla, gozaba en la era de los descubrimientos americanos de culto extraordinario. El fervor que los sevillanos dedican hoy a la Virgen de la Esperanza o al Jesús del Gran Poder, lo consagraban entonces a la milagrosa pintura que, según la tradición, oculta en los muros de la mezquita almohade desde tiempos visigodos, apareció deslumbradora al Santo Rey Fernando III cuando sitiaba a la ciudad. Pocos se embarcaron para las Indias ni retornaron por el puerto de Sevilla en los siglos XVI y XVII sin postrarse a sus pies, y todavía en el siglo XVIII se le labró el lujoso retablo que hoy tiene y se revistieron sus muros con grandes lienzos de pintura. El número de lámparas de plata que ardían constantemente ante ella era extraordinario. Como es natural, sus copias se multiplicaron no sólo en Andalucía, sino en América, y así pueden verse todavía hoy desde la catedral de Santo Domingo hasta las de Méjico y Lima.

Esta de Santo Domingo es, tal vez, la más antigua. Lo interesante en ella son los retratos de los donadores, que por otra parte, nos ofrecen los elementos más seguros para poder precisar su fecha. A juzgar por su indumentaria y por sus peinados, debe ser obra de hacia 1520 aproximadamente, fecha a que corresponde también su estilo. Quienes puedan ser esos personajes lo ignoro[69]. El estilo de la pintura parece sevillano, lo que es natural, tanto por

---

[69] Acerca de la historia del cuadro durante el siglo pasado véase Alemar. *La Catedral de Sto. Domingo.* Barcelona, 1933, p. 30.

el tema como por razones de orden histórico innecesarias de ser recordadas.

Un trozo de pintura mural no ha mucho descubierto en la Capilla del Tesoro, comunicada por una reja con la del Obispo Bastidas, nos permite suponer que en Santo Domingo, como en Méjico, durante el siglo XVI la pintura de ese género debió de desempeñar un importante papel en los interiores religiosos. Es de suponer que todos los muros de la capilla o una buena parte de ellos estarían cubiertos por esa clase de pintura. Representa una Santa con la palma del martirio y leyendo en un libro. Su estilo es parecido al mejicano coetano. (Fig. 55).

En Cuba sólo recuerdo —me refiero, naturalmente, a obra pintada en el país o importada cuando se pintó —el medio punto del Padre Eterno del retablo mayor de la ermita de la Popa de Trinidad. Supongo que debe de ser de fecha próxima a 1570. El retablo, horrorosamente repintado de azul, debe de ser el primitivo de fines del siglo XVI.

Mucho más antigua es la pintura del Nacimiento, aprovechada en uno de los retablos de la segunda mitad del siglo XVIII de la iglesia de Santa María del Rosario. Vista en pésimas condiciones de luz, me pareció que pudiera ser obra de fines del primer cuarto del siglo. Dada la escasez de obras de esta época en Cuba, y en particular de pintura, merece fotografiarse para que pueda ser estudiada.

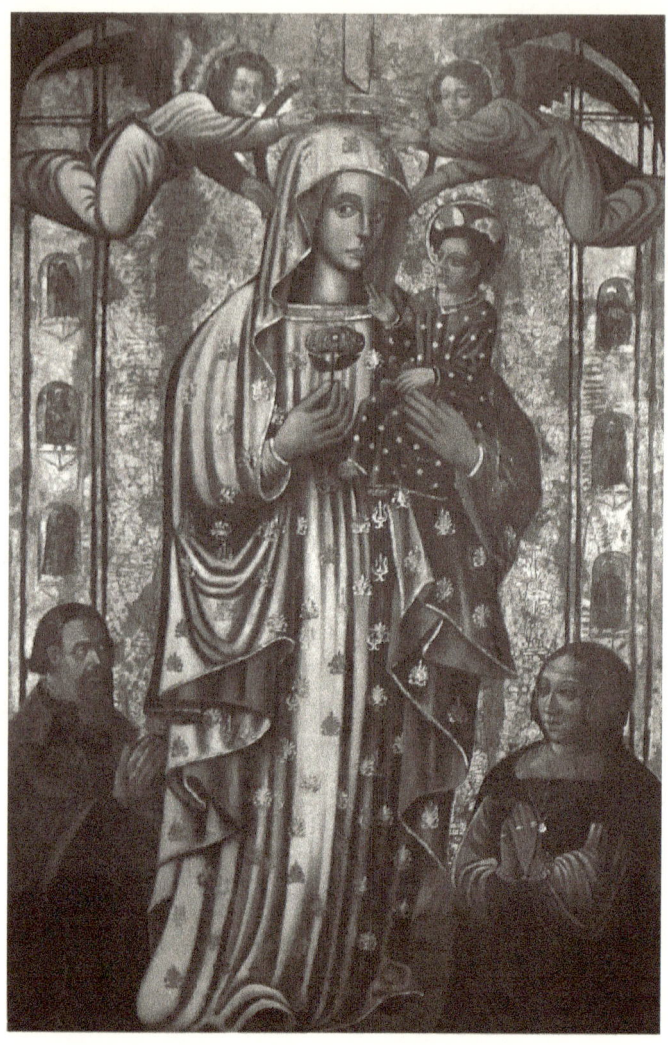

Fig. 54.—Donadores de la Virgen de la Antigua, de la Catedral de Santo Domingo.

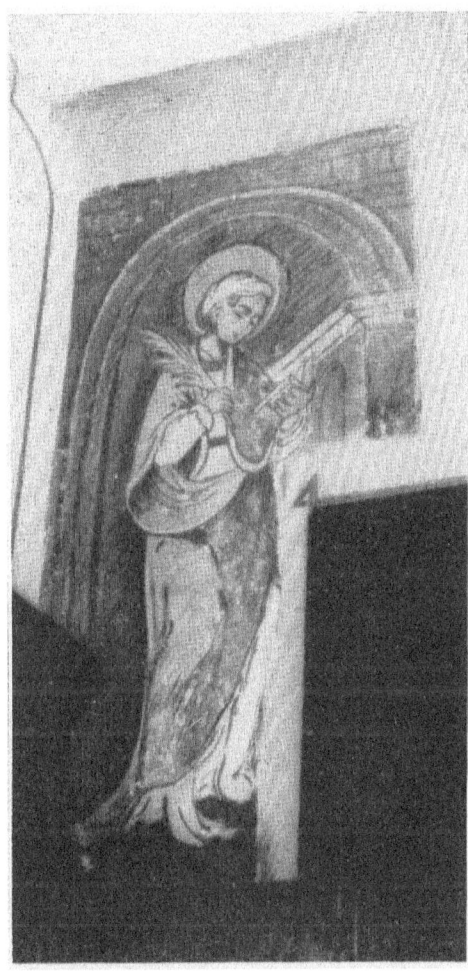

Fig. 55.—Pintura mural de la Catedral de Santo Domingo.

Azulejos

L os azulejos sevillanos acompañan a los colonizadores por el Caribe desde el primer momento. Y era natural que así fuese. El puerto americano de la Península era Sevilla, y el siglo XVI el de máximo florecimiento de la cerámica trianera. Por razones de orden económico que ahora nos sorprenden, resultaba más económico enviar los ladrillos desde la capital andaluza que fabricarlos en las tierras recién descubiertas, a pesar de ser "mala cargazón"[70], como se dice en una real cédula de 1511, y de los vivos deseos del monarca de que se fabricasen en las islas. Si esto sucedía con materiales de tan fácil fabricación y gran volumen como el ladrillo, y que requiere su empleo en tan considerables cantidades para el más modesto edificio, se comprenderá la rápida y amplia difusión del azulejo. Lo que conservamos es, sin duda, una parte mínima de lo enviado. Los despoblados de Santo Domingo, Puerto Rico y Jamaica, con sus ruinas de edificios de ladrillo construidos sin duda por andaluces, decoraron sus portadas con azulejos, como lo está todavía la portada de los dominicos de Santo Domingo, y con ellos revistieron los zócalos de sus capillas y de sus viviendas y enriquecieron sus techos. Las recientes excavaciones de Caparra, nos han descubierto la enjuta de un arco cubierta de azulejería, y un crecido número de azulejos, probablemente de zócalos. Cuando se contemplan los muros desnudos de la casa de Don Diego Colón, las ruinas de San Francisco y del mismo Hospital de San Nicolás, no precisa forzar mucho la imaginación para adivinar los azulejos que sin duda enriquecieron algunas de sus salas o capillas. Es de suponer también, que si algún día se excavasen las ruinas de Jamaica, algo aparecería. Todavía

---

[70] "Boletín Histórico de Puerto Rico" II, 93. Hostos Ob. cit. 54.

hoy, uno de los artículos que figuran en nuestra exportación a la América española, son los azulejos sevillanos.

En Santo Domingo los azulejos más importantes son los conservados en la Catedral y en la iglesia de los Dominicos. Del Hospital de San Nicolás apenas se conservan unas muestras dispersas. Casi todos ellos son de cuenca y de estilo renacimiento[71].

Los de la Catedral forman el hermoso zócalo de la capilla de Bastidas, que salvo la absurda inserción en uno de sus tableros de una lápida de mármol, se conserva en perfecto estado. Su plinto es de escuadras. Sus tableros centrales ofrecen dos modelos: una red de óvalos apuntados (Figs. 56 y 57) y una red de ruedas o coronas (Fig. 59). El primero es como el del Pabellón de Carlos V del Alcázar, de 1545[72], una de las obras maestras de la azulejería sevillana, debida al maestro Juan Hernández (Fig. 60). Pero es curioso advertir cómo se han combinado los modelos allí existente".

Aunque al pronto no se note, fácilmente se advierte, a poco que se fije la atención, cómo el follaje de los dos azulejos superiores de los cuatro que componen el patrón, no coincide con el de los dos inferiores. Y ello es debido a que, por razones que ignoro y que pueden ser muy diversas, se han combinado erróneamente: en un tablero (Fig. 56) la mitad superior de un patrón con ella misma, pero invertida, y en el otro (Fig. 57) la mitad inferior de otro patrón también con ella misma e invertida, aunque en sentido opuesto. El trozo del hermoso zócalo de azulejos que publico del Pabellón de Carlos V, nos ofrece los dos patrones completos (Fig. 60), y que sólo en su mitad superior o inferior se emplearon en Santo Domingo, Que esta manera, no del todo satisfactoria, de combinar los azulejos de la Capilla de Bastidas para crear nuevos patrones o modelos se empleó en la propia Sevilla, nos lo atestiguan los bancos que rodean el mismo Pabellón de Carlos V. Los azulejos de la Cruz de la nave del Evangelio, no son

---

[71] Me ha facilitado la identificación de algunos de los modelos estudiados a continuación el material gráfico, puesto a mi disposición por don Antonio Sancho, especialmente dedicado al estudio de la cerámica sevillana, por lo que le quedo muy agradecido.

[72] Fotografías recientes por la casa Mas, de Barcelona (Frenería, 5).

de cuenca, sino de pisano, y de tipo del que existen buenos ejemplares en la Cartuja de Jerez[73].

En el crucero de la iglesia de Santo Domingo, el zócalo principal decora el muro donde está la Virgen del Cobre, y se encuentra interrumpido por la puertecilla de comunicación con la capilla inmediata. Uno de sus tableros es de ruedas (Fig. 61) formadas por cuatro lóbulos, como los de la Cartuja de Jerez[74] y la Casa de Pilatos; el otro es de estrellas (Fig. 58), de que existe también modelo en la Casa de Pilatos. En su friso alternan las lises con vasos. En el muro que forma ángulo con el anterior, la decoración del tablero consiste en un vaso con follaje muy estilizado que se repite muy uniformemente. (Fig. 62).

En la portada del templo, los azulejos están decorados con ruedas, como los de Madre de Dios de Sevilla. Los azulejos con macetas y lises, que son aprovechados, aparecen también en este monumento sevillano. Los del segundo cuerpo son, al menos, del tipo de los de San Nicolás, conservados en el Museo. De técnica de pisano, citaré en el crucero de la Epístola del mismo templo otros azulejos aprovechados con los que se ha formado una cruz, y que indudablemente son testimonio de zócalos desaparecidos. Uno de los modelos existe en la Universidad[75] a fines del siglo XVI.

En el Museo, procedente de San Nicolás, se conservan dos modelos de azulejos de tabla, por tanto, azulejos de techos y no de zócalos. El que figura con los dos azulejos una rosa de lóbulos conopiales (Fig. 65) se encuentra en las naves laterales de la iglesia de Alcalá del Río[76]. Del que forma una red romboidal con flores en sus centros (Fig. 61), existen ejemplares, procedentes también de San Nicolás, en el Ayuntamiento de la Habana. Supongo que

[73] Foto Más. 47875.
[74] Foto Más. 47873.
[75] Reproducidos en: Sancho. *Cerámica Andaluza*, lám. 47.
[76] Se reproducen en Hernández y Sancho. *Catálogo de la Provincia de Sevilla*. I. fig. 97.

procedente de algún monumento sevillano, posee también este modelo el Instituto Valencia de Don Juan, de Madrid.

Citaré, por último, dos trozos de azulejos conservados en el mismo Museo: el que figura una anilla con un aspa se encuentra en la escalera de la Casa de Pilatos, y el que muestra unos arcos conopiales, en el claustro de San Isidoro del Campo, en Santiponce, junto a Sevilla.

Las exploraciones realizadas en Caparra[77] han descubierto medio centenar de azulejos de cuenca de tres modelos diferentes, aunque del tercero sólo se conserva un pequeño fragmento. Uno de ellos es de facería morisca de red cuadriculada con una estrella de ocho en su centro (Fig. 64), y como es natural, ejes de simetría menores en los ángulos y en las líneas que unen éstos. El otro (Fig. 66) es de estilo renacentista, de lacería curva, cuya cinta forma un cuadrilóbulo en el centro, y un eje de simetría binario en los centros de los lados; en los campos formados por esas cintas, flores y hojas. Como advirtió acertadamente Hostos[78], son azulejos sevillanos, citando uno de los reproducidos por Gestoso en su obra clásica[79]. Por mi parte, agregaré que del tipo del de lacería curva, existen ejemplares en el Pabellón de Carlos V del Alcázar de Sevilla, en la capilla del Castillo de Bornos (Cádiz)[80] y en el Museo Arqueológico Municipal de Sevilla. En este mismo Museo y en el presbiterio de la iglesia de Santa Paula, existen también ejemplares del otro modelo de azulejos de Caparra.

Aunque fuera de los límites geográficos impuestos a este trabajo, aprovecharé el referirme a cerámica sevillana para citar algunos azulejos de ese origen conservados en América Central.

Trozos de ellos se encuentran aprovechados en la pila del Convento de San Francisco de Antigua (Guatemala). Es modelo empleado en Sevilla ya en 1575 en la iglesia del convento de Santa

---

[77] Hostos. *Investigaciones Históricas*, S. Juan, 1938, págs. 60, 62, 63. Debo a la amabilidad del Sr. Ostos las fotos de los azulejos de Caparra que reproduzco.

[78] Ibídem. 55.

[79] *Barros vidriados*. Fig. 57.

[80] Romero de Torres. *Catálogo Monumental. Cádiz*. Lám. 301.

Clara por Alonso García[81]. En el Museo de Antigua se conservan dos trozos: uno es de un tipo de orla corriente en los azulejos llamados de clavos de Santa Ana; el otro lo es también del muy conocido de ondas y ovas.

En la catedral de León (Nicaragua), se conserva un tablero de azulejos en que se emplean dos modelos típicamente sevillanos. Uno de ellos es el empleado ya en 1576 en el Museo de Sevilla[82] y que en fecha posterior es bastante frecuente[83]. El otro aparece también en 1576 en la iglesia de Santa Ana[84]. No sé si estos de León, serán realmente sevillanos o imitación americana[85].

Aunque de origen no español, terminaré este capítulo citando algunos azulejos antiguos que he visto en Puerto Rico y Cuba.

En la primera de esas islas existe, en la casa de Berrocal, de San Juan, una importante colección de azulejos holandeses, revistiendo los frentes de los peldaños de la escalera. Representan asuntos bíblicos, creo que en su mayor parte del Nuevo Testamento. Supongo que son de Delft, de que como es sabido, existe también una importante colección en la iglesia de Santa María, de Cádiz[86], fechada en 1679. A juzgar por la semejanza con éstos, corresponderán a fines del XVII o comienzos del XVIII[87]. (Fig. 68).

---

[81] Reprodúcelo Sancho. *Cerámica Andaluza*, lám. 19.

[82] Reprodúcelo Sancho. Ob. cit. lám. 27.

[83] S. Vicente y S. Martín de Sevilla; Cartuja de Jerez. Según documentación inédita comunicada por el Sr. Sancho, los de S, Vicente son de Fernando de Valladares, de 1602.

[84] Reproducido por Sancho. Ob. cit. lám. 22.

[85] Vistos en malas condiciones y con premura, he de confiarme más a una fotografía desenfocada que al monumento mismo.

[86] Estudiados por Pemán. *El arte en Cádiz*, Madrid, 1930. Sin paginación.

[87] La Srta. Heukensfeldt-Jansen, conservadora del departamento de cerámica del Rijks-museum de Amsterdam, a quien envié fotografías de los azulejos, me confirma que deben ser de hacia 1700, y me llama la atención sobre el hecho de que los azulejos están incompletos en la parte inferior, donde solía indicarse el capítulo de la Biblia.

De ese mismo estilo y tipo se conserva otro azulejo que representa el Arca de Noé, en el Museo de Santiago de Cuba. Debe de proceder de la iglesia de Bayamo[88]. De tipo mucho más moderno se conservan otros, creo que tres, en el mismo Museo[89].

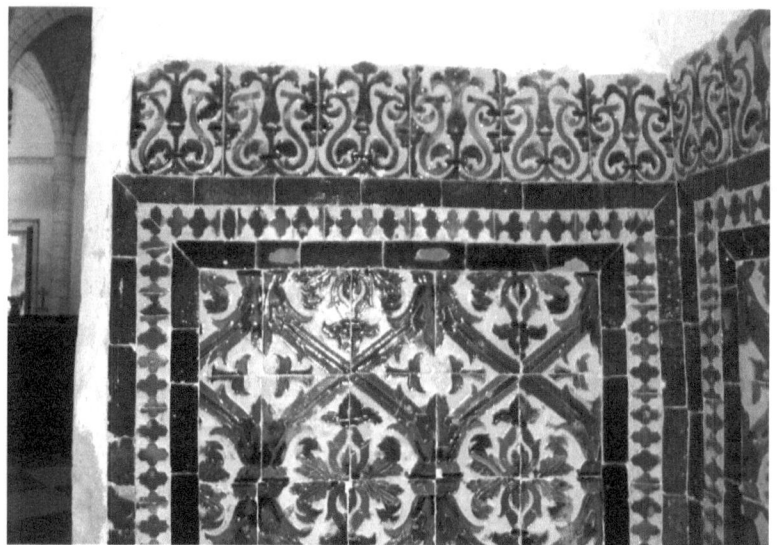

Fig. 56.—Zócalos de azulejos de la capilla de Bastidas, de la Catedral de Santo Domingo.

---

[88] Sin haber podido distinguir su dibujo a simple vista, me parece que son de ese estilo las que se conservan en el exterior de ese templo.

[89] La Srta. Heukensfeldt-Jansen los cree del siglo XIX.

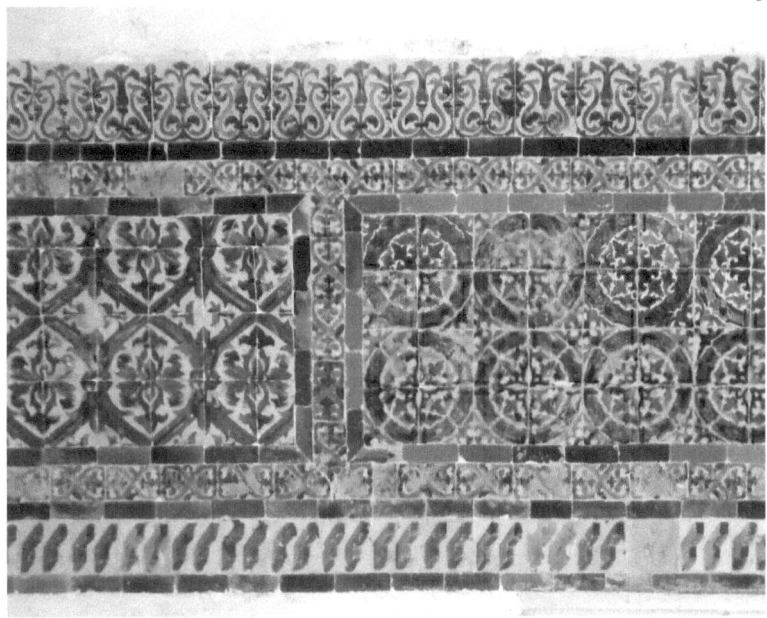

Fig. 57.—Zócalos de azulejos de la capilla de Bastidas, de la Catedral
de Santo Domingo.

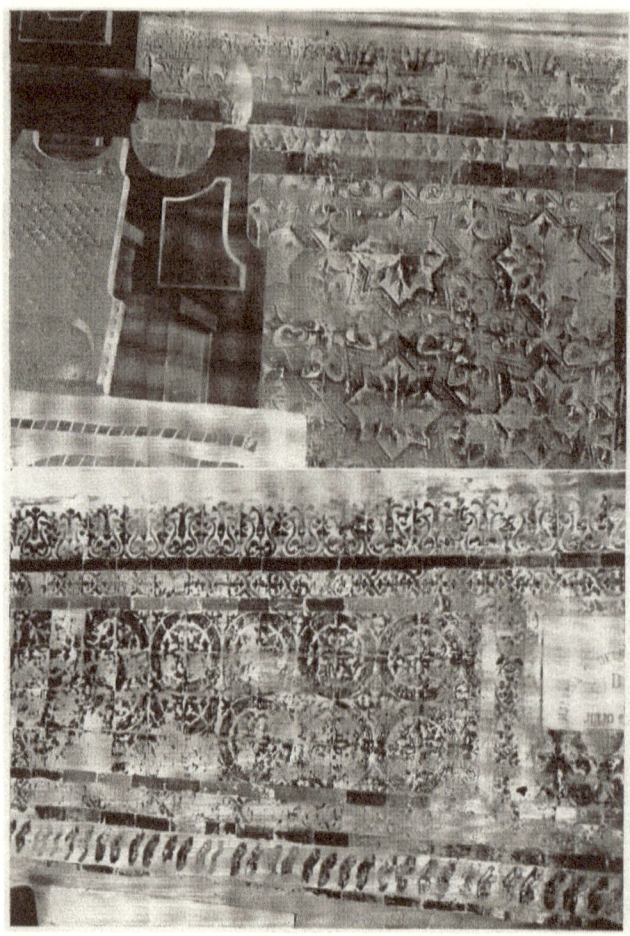

Figs. 58.—Zócalo de azulejos de la iglesia de Santo Domingo. Santo
Domingo.

Figs. 59.—Zócalo de la capilla de Bastidas, de la Catedral de Santo
Domingo.

Fig. 60.—Azulejos del Alcázar de Sevilla.

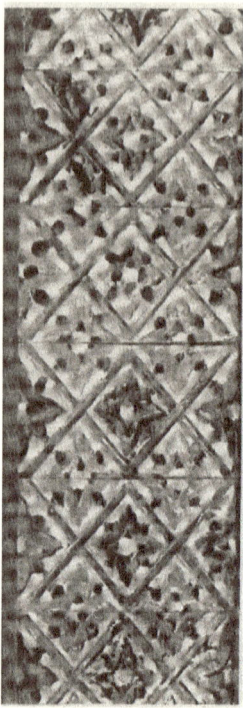

Fig. 61.—Azulejos del Museo de Santo Domingo.

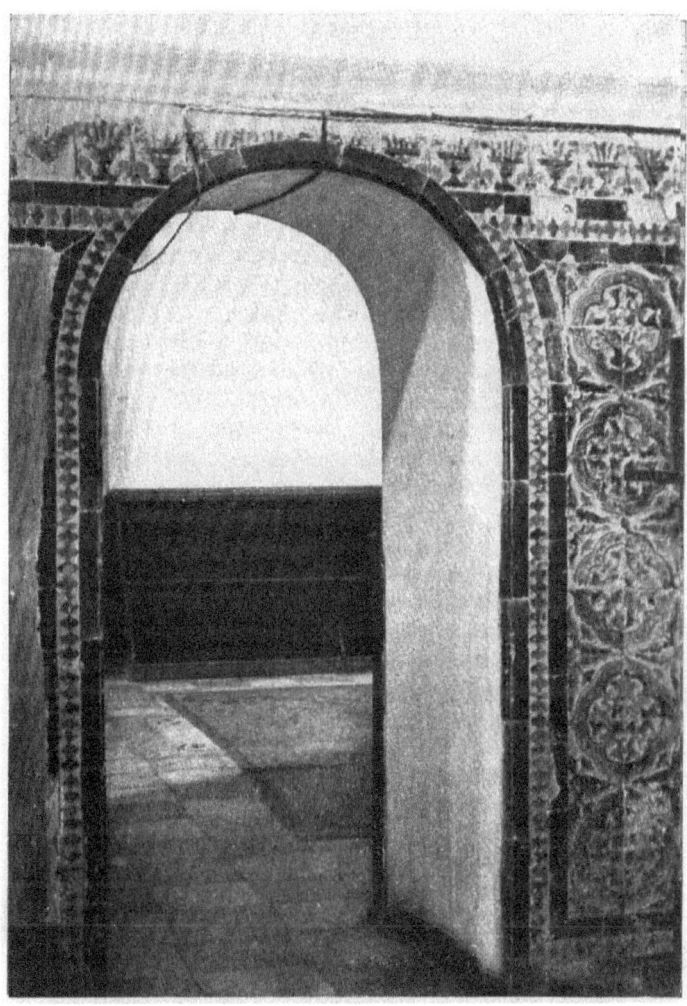

Figs. 62.—Azulejos de la iglesia de Santo Domingo. Santo Domingo.

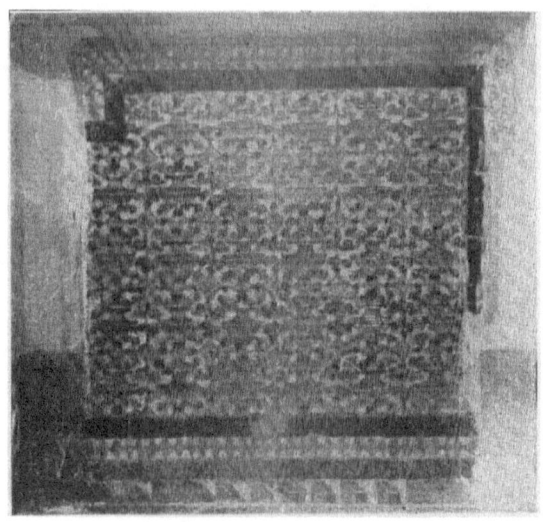

Figs. 63.—Azulejos de la iglesia de Santo Domingo.
Santo Domingo.

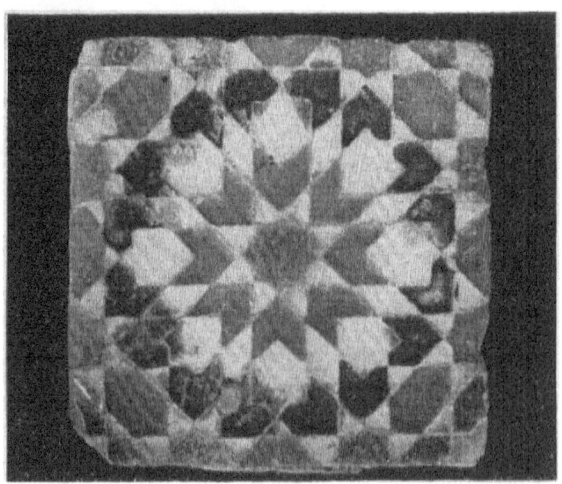

Fig. 64.—Azulejo procedente de Caparra. San Juan de Puerto Rico.

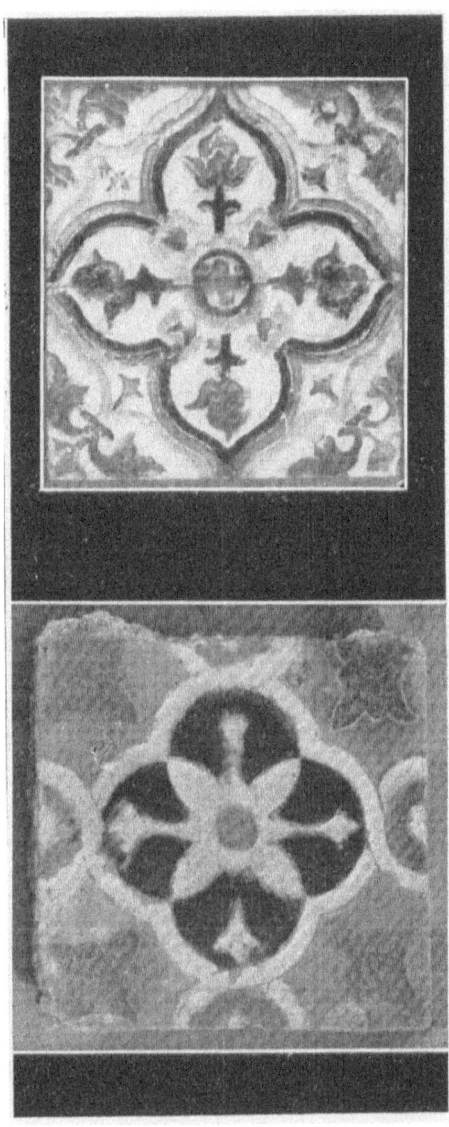

Figs. 65 y 66.—Azulejos del Museo de Santo Domingo.

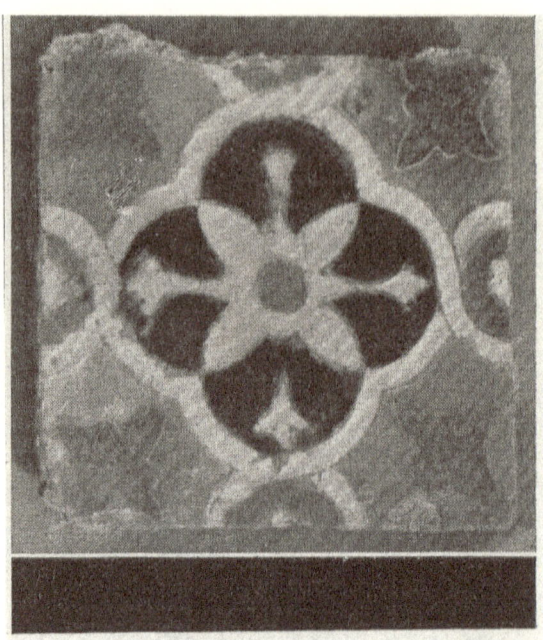

Fig. 67.—Azulejo procedente de Caparra. San Juan de Puerto Rico.

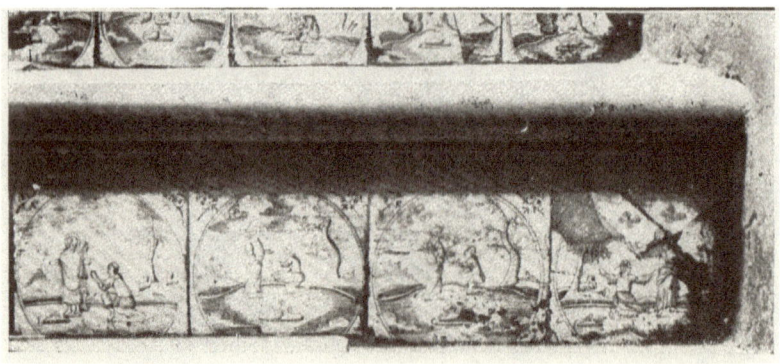

Fig. 68.—Azulejos holandeses de la Casa de Berrocal, de San Juan
de Puerto Rico.

Orfebrería

La custodia de la catedral de Santo Domingo. El tesoro de la catedral

Uno de los monumentos más bellos que dejó el Renacimiento español en la actual República Dominicana es, indudablemente, su custodia[90]. Ya en 1928, al dar cuenta[91] del libro tantas veces citado de Fray C. de Utrera, llamé la atención sobre su gran importancia para la historia de nuestra orfebrería. Según el P. Utrera[92], se decía regalo de Julio II (1503-1513) y se preguntaba si podía ser de los días de aquel Pontífice, y en caso de que fuese posterior, si podría atribuirse a los Arfes. Descubierta por él mismo, con posterioridad, la noticia de la existencia en 1628 en Santo Domingo de un Manuel Arfe, pudo en las adiciones publicadas al final del libro proponer la hipótesis de que éste, como todos los de su apellido, fuese también platero, y autor de la custodia. Contribuía a hacérselo creer así, el hecho de que en la información de 1586 sobre los daños producidos por la conquista de Drake, constaba que se había entregado a éste la custodia. (Fig. 69).

A la vista del deficiente grabado que ilustraba el texto, utilísimo sin embargo, porque permite formarse idea de la gran importancia de la custodia, me expresé en el sentido de considerarla posterior a los días de Julio II, y desde luego, muy anterior a 1628. Su basamento en forma de hexágono y el de las columnillas del cuerpo principal, los comparé con los de la custodia de Santiago

---

[90] Mide 0.84, sin el pedestal barroco.
[91] "Archivo Español de Arte", p. 164.
[92] *Dilucidaciones*, 48 y 494.

de Compostela (1539-1545), obra de Antonio de Arfe, situando la custodia dominicana en la etapa correspondiente a ese miembro de la ilustre familia. Cité también el nombre de Juan Ruiz, cuya importante custodia de la catedral de Jaén fue bárbaramente destruida en 1936.

Como todas esas observaciones las incluí en una simple nota bibliográfica, no me sorprende que al publicar ahora Palm en la "Gazette des Beaux Arts" su artículo[93] dedicado a la custodia, no haya tenido noticia de ellas. Publicar unas excelentes fotografías de pormenores de esta espléndida obra de nuestra orfebrería del Renacimiento en una revista de tanta difusión como la "Gazette des Beaux Arts", ha prestado ya, sin embargo, un gran servicio a los interesados por el arte español, pero es lástima que por conceder un valor excesivo a los testimonios documentales, lo mismo que el caso de la iglesia de Regina y otros monumentos, haya rejuvenecido la custodia cerca de un siglo. También es de lamentar que no diera cuenta de las marcas que tiene la custodia.

Fundándose en la citada información de los daños ocasionados por Drake en 1586, cree que, efectivamente, como entonces se dice, que le entregó la custodia, y que la conservada no puede ser anterior a esa fecha. Ahora bien, frente a esa noticia documental, está la realidad de la custodia misma que hoy preside el tesoro de la catedral dominicana. Cómo pueda conciliarse esa noticia con la realidad de la custodia misma, es otro problema que tendrá la solución que sea: la adquisición posterior de esta custodia, la existencia de dos custodias, la falta de veracidad del documento... Ignoro cuál pueda ser. En el fondo, es problema secundario. Lo importante es la existencia de una custodia de primer orden del segundo cuarto del siglo XVI, o a lo sumo de mediados.

Gracias a un expediente del Archivo de Indias facilitado por Fray Cipriano de Utrera a Palm, sabemos que en 1576 tenía encomendada el platero Pedro de Arenas, la ejecución de un pie para la custodia, sea ésta, como supongo, u otra entregada a Drake.

---

[93] Año de 1946, p. 93, *A descendant of the Arfe family in Spanish America. Manuel de Arfe and the Cathedral of Santo Domingo.*

Como Arenas no la había ejecutado en 1591, el cabildo quiso embargar al fiador. En 1594 se pleiteaba todavía sobre el asunto. Después veremos la posible relación de esa noticia con la custodia actual.

El estudio directo de la custodia[94] no sólo no me ha dejado dudas sobre su clasificación a fines del segundo cuarto del siglo, sino que me ha convencido de su excelente calidad, de que es una obra de primer orden de nuestra orfebrería plateresca, digna de figurar al lado de las de Antonio de Arfe o de Juan Ruiz.

La custodia de Santo Domingo tiene, además, la marea antigua de Sevilla, es decir, el alminar de su catedral, antes de recibir el campanario renacentista, con el nombre de la ciudad sirviéndole de basamento[95]. Se labró, por tanto, en Sevilla. Pero además tiene la marca de otro punzón, consistente en una A capital romana, dentro de un círculo. La inicial de qué nombre pueda ser esa letra, no lo sé. Naturalmente, no deja de acudir a mi memoria el nombre de Arfe y el del propio Arenas. Ahora bien, Antonio de Arfe no consta que viviese en Sevilla, y el estilo de sus relieves tampoco coincide con el de la custodia dominicana. Sus esculturas se distinguen por lo berruguetesco de su movimiento.

Respecto de Pedro de Arenas, como éste vivía, por lo menos en 1592, resulta un poco tardío para pensar en atribuirle la custodia, aunque no del todo imposible, si ésta se hubiese labrado ya cerca de 1550.

---

[94] Con el mayor gusto expreso desde aquí mi más sincero agradecimiento al Excmo. Señor Arzobispo Monseñor Beras por las extraordinarias facilidades que me concedió para ver el tesoro de la Catedral. De una amabilidad exquisita el clero hispano americano a que he tenido que molestar en mi reciente viaje, no quiero dejar de expresarle en esta primera ocasión mi reconocimiento más expresivo.

[95] Véase Artiñano. *Punzones o marcas de localidad de la orfebrería española reunidos con motivo de la Exposición de orfebrería civil.* Madrid 1926 p. 12.

Debo advertir, sin embargo, que en el farragoso pleito[96] antes aludido, no encontré alusión a que la custodia fuera obra suya, lo que tal vez hubiera sido natural en las diversas ocasiones en que se hace referencia a ella. Consta en él que recibió la plata para hacer el pie de la custodia el 20 de octubre de 1575, otorgando la escritura en 21 de febrero de 1576. En 1590, Arenas estaba muy pobre, y con su trabajo apenas podía sustentar a sus numerosos hijos. Llevaba muchos años en Santo Domingo, y por no poder dar razón de la plata recibida había estado tres años en la cárcel, y a la sazón no podía salir de la ciudad. En esa fecha presenta un memorial de las obras hechas para la catedral que se le adeudaban y cuyo texto doy en nota[97]. Su partida más interesante, es la que se

---

[96] Publica ya la signatura del documento facilitada por Fray Cipriano de Utrera, E. Palm: Escribanía 2 B (Por error, se dice 2 A).

[97] memoria de las obras que yo Pedro de Arenas tengo hechas para esta santa yglesia por quenta de la plata que yo debo de una custodia que me abian dado a haser de que yo tengo dadas fianzas son las siguientes:
hise otro hisopo llano de hechura dies ducados
hise mas el adobio de la custodia de la hechura setenta ducados
hise mas vna vara con sus argollas para el belo del santissimo sacramento, puse tres tostones de plata debeseme esta plata y la hechura de la hechura dos ducados
hise mas un ynsensario puse un marco y medio de plata debeseme esa plata y la hechura, de la hechura ochenta ducados
hise mas el adobio de la crus blanca
hise dos piezas del pie y un canon de cobre puse de plata una onça y sinco ochavas debeseme la plata y la hechura de la hechura beynte ducados
hise mas otro adobio de la cruz debeseme la hechura que son cien reales como párese por cédula del mayordomo Pedro Bautista
mas adobe el vnsensario soldar el pie y cadenas y limpiarlo sinquenta reales
mas hise dos pares de vinageras puse dos tostones y medio de plata debeseme la plata y la
hechura de la hechura beynte y quatro ducados
mas debeseme todos los adobios y limpiar la plata desta santa yglesia de mas de dies y seis años que la adobe y limpie que no se me ha pagado nada por ello (1590).

refiere al arreglo o adobo de la custodia, lo que hace pensar que hubiera sufrido algún desperfecto o alteración de cierta importancia, ya que por la hechura sólo, carga sesenta ducados.

El fechar la custodia en el segundo cuarto del siglo XVI obliga a buscar entre los personajes de esta época el donador que aparece de rodillas orando ante la Sagrada Forma. Si efectivamente, como supongo, lo es —a lo que parece, tiene caracteres de retrato—, lo encuentro tal vez algo viejo para identificarle con don Rodrigo de Bastidas, el fundador de la capilla de Santa Ana, caso de haber nacido éste[98] a principios del XVI. Pero si vino al mundo, como declara en una ocasión, poco después de 1495, y la custodia se labró ya cerca de 1550, ese inconveniente disminuiría considerablemente. Recuérdese que la custodia de Santiago[99] no se terminó hasta 1544-1545.

La catedral de Santo Domingo, en su rico tesoro, posee además algunas obras importantes del siglo XVI.

La de mayor interés después de la custodia es, seguramente, el arca de plata para el Santísimo (Figs. 70-72). De planta rectangular, de unos 0'50 ms. de largo, aproximadamente, tiene cubierta en forma de artesa. La inscripción de su friso nos dice: "Esta caia dio Doña Ioana de Mesa mvger de Ivan de Berio A 1519", inscripción que se completa con la de la tapa: "Ermana de Pero López de Mesa asistente q. foe de Sevilla"[100]. Su pared anterior puede desmontarse. Sus cuatro frentes aparecen decorados por los doce apóstoles, y las cubiertas por ángeles, todo ello grabado, y relleno de pintura negra, pues no sé si efectivamente se trata de nielado. Como su estilo es ya completamente renacentista, merece subrayarse lo temprano de su fecha. En la misma Sevilla, donde tal vez se labraría, tendría desde este punto de vista el mayor interés.

---

[98] Acerca de la fecha del nacimiento de Bastidas, véase Utrera. *Dilucidaciones*, I. 425.

[99] Véase Sánchez Cantón. *Los Arfes* p. 36,

[100] Este López de Mesa en 1525 marcha a la Península llevando la representación ante el Emperador de la ciudad de la Vega. Véase Utrera: *Dilucidaciones*. 69.

Aunque no es obra española, también citaré el copón de estilo renacentista, decorado en su cuerpo con la historia del Buen samaritano, y en la tapa con genios marinos. La parte inferior del pie es obra española de fines del siglo XVI, en que aparece grabado en abreviatura el nombre de Diego González: "DIGS". En el borde mismo de la copa se encuentran sus marcas propias, consistentes en una cabeza, al parecer, de un perro dentro de un escudo, en una A capital dentro de un círculo, y en un escudo bastante confuso con corona. Debe de ser obra flamenca o alemana.

En cambio, es español y también excelente, un cáliz de estilo plateresco, dorado no hace mucho tiempo. El pie es rico en escotaduras curvas, el vástago tiene gran manzana en forma de templete de dos cuerpos con hornacinas, y la copa se encuentra decorada en su mitad inferior. Debe de ser obra del cuarto del siglo XVI.

A este mismo siglo XVI pertenecen las piezas siguientes: Un portapaz con la Piedad, de estilo gótico, al que se pusieron posteriormente columnas salomónicas; seis candeleros de estilo Renacimiento, de pie triangular; una copa sin pie con gallones, y ocho varas de palio de estilo plateresco[101].

---

[101] Además de las piezas principales de plata gótica y renacentista descritas, la Catedral posee gran número de vasos sagrados y de objetos de plata destinados al culto, de los siglos posteriores. Brevísimamente citaré los más importantes.

Dos cálices de plata dorada con botones de esmalte, del tipo corriente en la primera mitad del siglo XVII. Otro de la misma época con piedras en la parte baja de la copa. Un cuarto cáliz sencillo, con artesones en relieve y querubes, y otros dos, uno con la decoración de esa especie de asas tan frecuente en la época.

Naveta, tal vez de fines del siglo XVI o principios del XVII. Cuatro candeleros grandes de pie triangular, uno de ellos con la inscripción: "El Alferes joseph de Pina me fect año de mil 659". Un platero Juan Laureano de Pina trabaja en Sevilla en 1681. (Gestoso. *Sevilla Monumental.* II, 340). Ignoro el parentesco que entre ellos pueda existir.

Del estilo barroco propio de fines del siglo XVII, aunque pueda haberse labrado en el XVIII, es el manifestador grande decorado en el tablero del fondo por grandes flores y querubes y coronado por una venera.

El tesoro de la catedral dominicana es también rico en alhajas. Los testimonios de la piedad allí conservados, se escalonan sobre los paños de terciopelo de sus vitrinas desde el primer siglo de la colonia hasta nuestros días. Desgraciadamente, mi cámara, inapropiada para fotografiar objetos de tamaño tan diminuto, no me ha permitido la información suficiente para poder referirme a cada una de las piezas allí expuestas. Citaré, sin embargo, algunas que llamaron particularmente mi atención. Ocupan el primer lugar tres joyeles, creo que todos del siglo XVI. De oro y recubiertos de esmalte, figura uno de ellos un lagarto con la cola torcida hacia un lado y la cabeza inclinada hacia el opuesto. Enriquecen su cuerpo seis esmeraldas y pende de dos cadenillas esmaltadas unidas en su parte superior, de donde cuelgan también dos perlas. Tanto por el animal, que constituye el tema fundamental de la joya, como por su decoración de esmeraldas, la forma de estar pendiente y la colocación de las perlas se relaciona estrechamente con la pieza hermana conservada[102] en el Instituto Valencia de Don Juan, de Madrid, estudiado por Valle-Arizpe y Gómez Orozco[103], en relación con el exvoto regalado por Cortés a la Virgen del Monasterio de Guadalupe.

Juego de dos atriles y una sacra, mejicano. Tienen las marcas siguientes: La M coronada con la cabeza y las columnas de Hércules G O Z.
El águila explayada, y D E S B O V   L E Z
              C O T Z
Fuente gallonada con marca de Méjico. Otra con pie más alto sin marca. La técnica de la plata calada cuenta con algunos ejemplos interesantes, tales como: La cruz de plata que sirve de caja o relicario de la Santa Reliquia de dibujo muy sencillo; una cruz y dos cetros. De filigrana es, en cambio, la que se atribuye a Enriquillo.
Copón del siglo XVIII. Custodia barroca muy tardía. Aunque no se guarde en el tesoro, es obra importante para la orfebrería americana, el frontal de la capilla de Don Diego Caballero, fechado en 1729, aunque su estilo es el de fines del siglo anterior.

[102] *Notas de Platería*, Méjico, 1941, p. 103.
[103] *¿El exvoto de Don Hernando Cortés?* "Anales del Instituto de Investigaciones Estéticas". 1942, p. 51.

En el joyel de Santo Domingo el lagarto quiebra menos su cuerpo al caminar, que el de Madrid, sus esmeraldas son más pequeñas, y carece en su parte inferior de las tres perlas pendientes de aquél.

Sin entrar ahora en el estudio del exvoto cortesiano de Guadalupe[104], conocido por el dibujo de 1778, sí diré que Gómez de Orozco ha indicado muy bien las diferencias que dificultan su identificación con el de Madrid. En efecto, creo que en ningún caso pueden ser una misma joya, entre otras razones, porque la de Madrid representa un reptil, probablemente un lagarto, y la de Guadalupe un dragón, a juzgar por sus alas y su cuerpo de serpiente. Creo que esta observación complica el problema del exvoto de Cortés de Guadalupe, a menos que los escorpiones de Morelos tengan alas, cosa que ignoro. Respondiendo a las sugestiones hechas por Gómez de Orozco en su interesante artículo, he preguntado al Director del Instituto Valencia de Don Juan, D. Manuel Gómez Moreno, quien me asegura que carece de fundamento, lo dicho sobre el origen y motivos de la atribución a Hernán Cortés del joyel.

El segundo joyel, casi del mismo tamaño, representa un caballo marino, también cubierto de esmalte, por desgracia, en partes saltado, y de perlas de diverso tamaño. Como en el lagarto, y según es costumbre en esta clase de joyas, pende de dos cadenillas. Supongo que será obra de los mismos años. El tercero representa un pez cabalgado por una figurilla humana con un puñal. El cuerpo del animal aparece esmaltado de blanco, verde, azul y rojo, y enriquecido por tres piedras[105]. En las dos cadenitas, también esmaltadas, lucen dos perlas.

De otra naturaleza, citaré en este lugar, por su tamaño diminuto, un precioso incensario de unos tres centímetros, de estilo gótico,

---

[104] Compárese con el Águila del Museo Victoria y Alberto de Londres reproducidos en A. M. Johnson. *Hispanic Silver*. N. York. 1944, Fig. 76.

[105] Un joyel semejante puede verse reproducido en *Catálogo de Orfebrería Civil*. Lámina IV.

y un templete, igualmente minúsculo, con el cuerpo de cristal y esmaltado, de estilo Renacimiento[106].

---

[106] Grupo especial forman los amuletos de azabache. Son cinco manos o Higas, y, si mis notas son exactas, una pieza en forma de barrilete. Las Higas, como es sabido, se solían poner a los niños para librarles del mal de ojo. Según tradición conservada en el norte de España Hasta nuestros días, el maleficio en lugar de quebrar el corazón de la criatura perdía su fuerza quebrando el azabache. Superstición antiquísima que atribuye al azabache y a la mano con el dedo pulgar entre el índice y el mayor especial virtud mágica, puede verse su historia en el estudio básico de Osma, *Catálogo de Azabaches Compostelanos* (Madrid, 1916, p. 9t y 55)- Veáse también: Ferrandis. *Marfiles y azabaches españoles* (Barcelona, Labor, 1928, p. 257).
Aunque las cinco higas son pequeñas, dos de ellas lo son en mayor grado, y una considerablemente más grande que las restantes; todas ellas tienen guarnición metálica. La mayor presenta la parte de la muñeca calada, y sobre la mano misma la figura del corazón contemplado por el Cuarto de Luna.
Piezas interesante, que no *sé* si debiera estudiarse en relación con el arte mejicano prehispánico, es una calavera de cristal de roca con guarnición de filigrana.

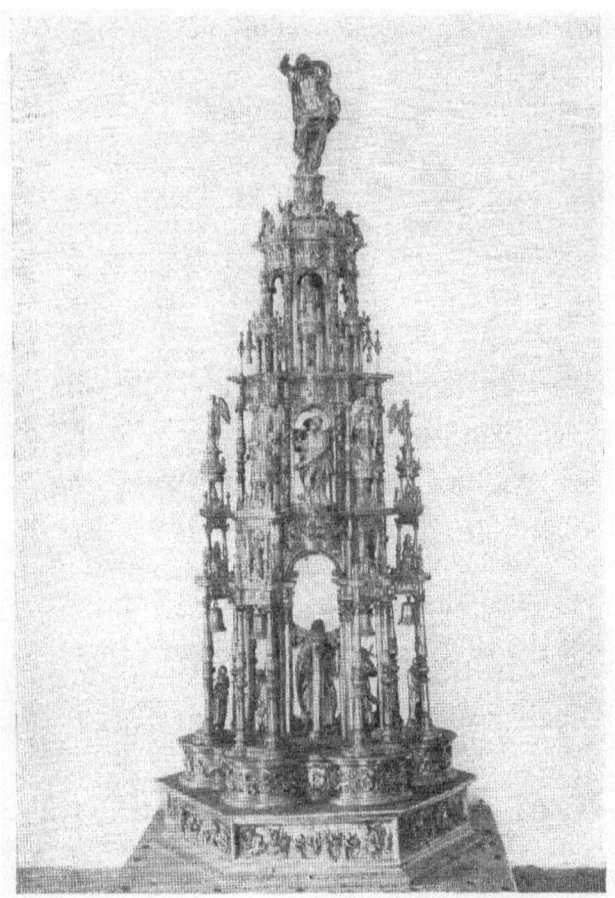

Fig. 69.—Custodia de la Catedral de Santo Domingo.

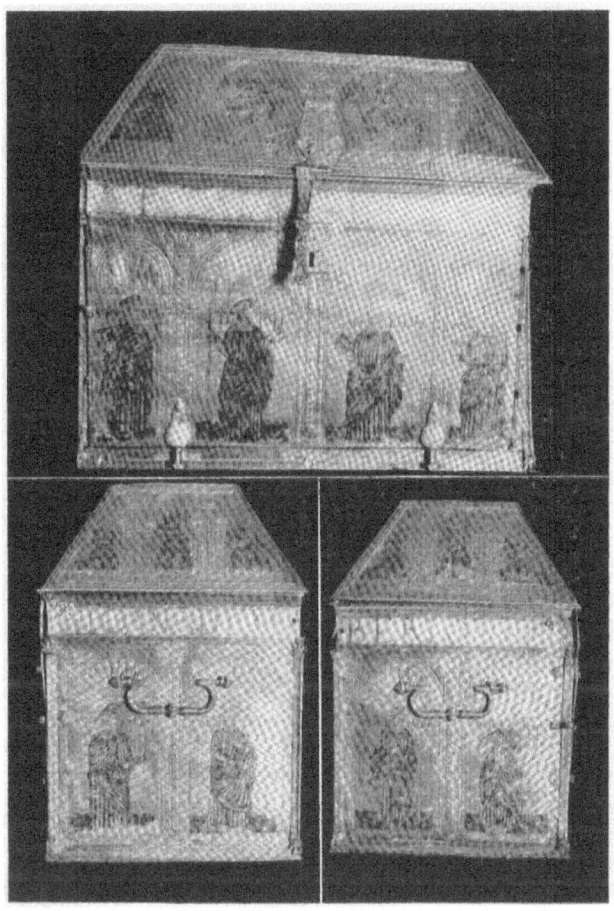

Figs. 70 a 72.—Arqueta del Santísimo, de 1519, de la Catedral de Santo Domingo.

EL TESORO DE LA CATEDRAL
DE SAN JUAN DE PUERTO RICO

Aunque la catedral de San Juan no posee un tesoro como el de la primada de América, y es natural que así sea, sí conserva una estimable colección de piezas de orfebrería, que expuesta con el espacio y lujo que merecen darían cumplida idea de su verdadero valor.

La obra de fecha más antigua es el pie de una cruz, de estilo plateresco. Es todavía gótico, de traza mixtilínea, formado por cuatro arcos conopiales con lóbulos, pero su decoración es ya renacentista. Aunque la cruz es posterior, la figura del Cristo pertenece a la primitiva. Del siglo XVI es también la naveta.

Probablemente ya de últimos años del mismo[107] o primeros del siguiente, la custodia procesional es la obra de mayor importancia del tesoro (Fig. 73). Mide unos 90 centímetros, y tiene la marca de: C O T O. Es de plata circular y consta de tres cuerpos, formados por seis parejas de columnillas con capiteles toscanos y su tercio inferior decorado. En las partes correspondientes a las columnillas, tanto el pedestal como los tres entablamentos aparecen resaltados. En la decoración, de acuerdo con el tardío estilo del Renacimiento en que se labró, los motivos dominantes son galloncillos y botones alargados.

La custodia, naturalmente, no cabe compararla ni por las proporciones ni por el lujo decorativo con la gigantesca y riquísima de la catedral de Sevilla, pero coincide con ella en la forma circular de su planta. El platero, probablemente por razones de economía, tal vez también para hacerla más ligera, y para que el Santísimo no quedase tan oculto, ha convertido las columnas en soportes únicos, prescindiendo de la fábrica interior a que se sobreponen en Sevilla. Novedad importante respecto de la concepción general de la custodia de Juan de Arfe, es también la escasísima diferencia de altura en los diversos cuerpos, criterio mantenido con notable

---

[107] No creo que pueda ser, como se ha supuesto ("Bolet. Histórico de P. R." IV. 287), de tiempos de Carlos V.

persistencia por todos los miembros de la ilustre familia de plateros.

Aunque de una fecha tan avanzada como la de 1637, es de sobriedad renacentista verdaderamente escurialense, el atril regalado por el gobernador Iñigo de la Mota, en agradecimiento por la acción de guerra del 2 de abril de aquel año. Muy elegante de proporciones, está formado por cinco columnillas abalaustradas con capitel toscano. Desgraciadamente, sólo se conserva uno de los dos atriles regalados por el gobernador. Una larga inscripción en hermosas capitales hace memoria del donativo. Dice así: "Estos dos atriles ofrecio al glorioso San Juan Baptista el governador don Iñigo de la Mota Sarmiento en hacimiento de gracias por la facion de Santa Cruz de dos de Abril de MDCXXXVII años".

Probablemente a ese primer tercio del siglo XVII pertenece también la custodia, de viril con rayos flameados (Fig. 74). Es un hermoso ejemplar de ese tipo de orfebrería que se crea a fines del siglo XVI, y que con tan escasas novedades se conserva durante más de medio siglo. A pesar de la gran difusión alcanzada por ese estilo, ignoramos aún dónde nace, quién fue su creador, así como las escasas novedades introducidas durante su larga vida y la época un tanto precisa en que dejó de usarse. Hijo de los últimos tiempos del Renacimiento, responde a las características generales de esa época. Sus partes, claramente diferenciadas, se yuxtaponen más que se ligan, y lo rectilíneo tiene todavía tanto peso como la curva, echándose de menos aún ese ímpetu típicamente barroco que funde las formas en un arrebatado conjunto. En la decoración, los elementos animados tan caros al plateresco, han desaparecido y aún no hace acto de presencia el follaje barroco. Como en todas las obras de este estilo, la ornamentación consiste, principalmente, en gallones, roleos salientes a manera de asas y botones con esmaltes[108].

---

[108] La Catedral de San Juan posee, además de esta obra de tardío estilo renacentista, algunas hermosas obras de orfebrería barroca.
Citaré en primer lugar dos ricas bandejas circulares repujadas, cubiertas por la típica decoración de follaje y de flores de fines del siglo XVII, y que, como es sabido, perdura el primer cuarto del siguiente. El platero

ha procurado subrayar sus cuadrantes repujando en el centro de cada uno un pájaro. Como compañero de esas bandejas se considera un aguamanil. Si, en efecto, lo es —su estilo evidentemente no se opone a ello—, ofrecería además el interés de darnos una pista para fijar de manera más precisa la fecha de las tres obras, pues nos recuerda en su tapa el nombre del donador. La inscripción dice así "Dio de li m (os) na el s (en) or Can (onig) o Rivafrecha". Probablemente al último tercio del siglo XVIII pertenece otra pareja de bandejas circulares de estilo rococó. El escudo episcopal de un castillo y cuatro flores de lis, cuya identificación dejo a los eruditos portorriqueños, permitirá delimitar más los años en que se hicieron. Son obras sevillanas según lo acreditan las marcas siguientes: La Giralda; un cerdo; ALEXANDRE y CARDEN, (Cárdenas). Es decir, son las que aparecen en uno de los frontales de la capilla de la Virgen de la Antigua de Sevilla. *(Exposición de Valdés Leal y de Arte Retrospectivo. Catálogo.* Sevilla, 1923, p. 86).
Aún algo posterior debe ser la custodia en que el rococó aparece más comedido en la composición. Es de suponer que sea de la época a que corresponde su estilo. Las jarras de consagración neoclásicas, del siglo pasado, son barcelonesas. Tienen las marcas BAR;   D
y una tercera muy diminuta que no descifré.   ARQUER;

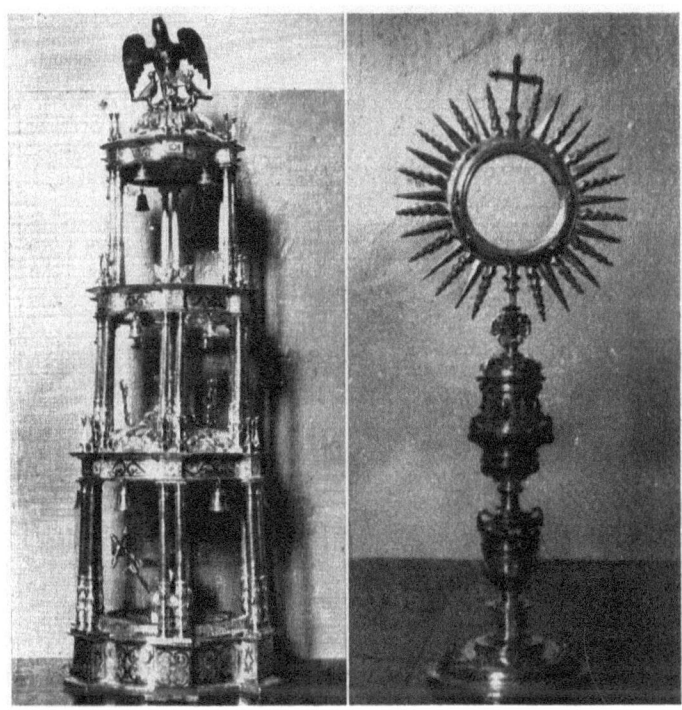

Figs. 73 y 74.——Custodias de la Catedral de San Juan de Puerto Rico.

Cuba

No pretendo afirmar de ningún modo que haya sido la Isla de Cuba uno de los centros de platería más importantes de la América Española. Por razón de su riqueza en metales preciosos, las capitales de los grandes virreinatos de Nueva España y del Perú, e incluso las de capitanías generales como Guatemala, tuvieron que aventajarla en grado fácil de comprender. Mas no por ello debe pensarse que Cuba fuese tierra estéril para este arte, y que una población tan rica, y de vida comercial tan intensa como La Habana no diese trabajo a un respetable número de plateros. Recuérdese, por ejemplo, cómo la ciudad de Santo Domingo, en época de tan manifiesta decadencia, cual la de principios del siglo XVII necesitaba para su consumo la labor de no menos de catorce plateros[109]. Creo que a poco que se revisen los archivos cubanos aparecerán nombres de plateros establecidos en las principales poblaciones de la Isla, pues no deja de ser significativo que la primera acta de Cabildo de La Habana conservada, de 1550, aparece ya un platero: Juan de Oliver[110].

No trato de reunir ahora las noticias de plateros contenidas en diversas publicaciones, pero sí de llamar la atención sobre la necesidad de estudiar más detenidamente la importante cantidad de obras de orfebrería que se conservan en Cuba, contra lo que hasta ahora se ha supuesto.

Las opiniones que pude recoger a mi llegada a La Habana, coincidían en que la escasez de las obras de orfebrería conservadas en la Isla era grande, opinión que se refleja en algún libro recientemente. Incluso se considera que la obra más antigua conocida, es la hermosísima pareja de mazas del Ayuntamiento de La Habana,

---

[109] Tejera. *Documentos antiguos*, nos. 59, 97, etc. en "Cuna de América" 1914, n. 29.

[110] *Actas Capitulares*, editadas por Roig, La Habana, 1937. Tomo I. vol. II. p. 2.

fechada en 1631, cuando, como veremos, no falta alguna obra del siglo anterior.

Un problema diferente es el de saber en qué proporción son esas obras importadas y en qué proporción fueron labradas en el país. No dudo que el paso de las flotas favorecía la importación desde centros productores más importantes del continente, pero análoga facilidad existía en Sevilla, y sin embargo, casi toda la orfebrería de sus templos se labró en la ciudad misma. Desgraciadamente, en la mucha orfebrería religiosa vista en las iglesias cubanas, anterior a principios del siglo XIX, no he podido encontrar marca alguna identificable con la Habana ni con ninguna población de la Isla. Las más carecen de marca, y las que he visto son, en su mayor parte, de Méjico. El caso no es exclusivo de Cuba, y por tanto, no debe tomarse como testimonio, de no haber sido labradas en el país el que carezcan de marca. Salgo al paso con esta observación a una creencia que me parece errónea, y que encontré bastante extendida entre los interesados en Cuba por las artes industriales. La mayor parte de las obras de hierro y de los muebles que se conservan en Cuba debieron de labrarse en Cuba, y no se importaron. No estoy seguro de que sucediera otro tanto con la cerámica, pero no me sorprendería que durante el siglo XIX se llegasen a fabricar azulejos en la Isla[111].

Como es natural, las obras del siglo XVI llegadas hasta nosotros, son mucho más escasas que las de siglos posteriores. No faltan, sin embargo.

---

[111] La riqueza de azulejos del siglo XIX en la Habana es extraordinaria; quizá superior a la de la misma Sevilla. Algunos son modelos conocidos en Sevilla. Decoran antiguas residencias señoriales, hoy en su mayoría casas de vecindad, y quintas, en buena parte en ruinas o en vías de serlo. Creo que en Cuba no se tiene conciencia de la importancia de este brillante capítulo de su historia artística, sólo comparable con el de las rejas. Importados o fabricados en la Isla ofrecen un valioso repertorio de modelos fáciles de fechar consultando los títulos de las casas, y probablemente el archivo municipal. Creo que valdría la pena de salvar alguna de las quintas de la Habana y convertirla en museo de cerámica.

En primer lugar citaré el bello portapaz renacentista conservado en la catedral de Santiago. Su tipo es corriente en esta clase de obras de orfebrería sagrada. Es una hornacina sobre un pedestal, flanqueada por columnillas abalaustradas, sobre las que carga el entablamento coronado por un frontón. En la hornacina, sentada en su trono, aparece la Virgen con el Niño. La inscripción que decora el friso es muy interesante, como comentario de un tema iconográfico mariano que gozó de bastante favor en la Península a fines del XV y principios del XVI. En ella se nos encarecen la gran caridad de que el Salvador abandone el pecho de su Madre para abrazar la Cruz[112], es decir, alude al tema que Trens ha estudiado recientemente[113] bajo el título de "La Madre desairada". En ella se reproduce una tabla del pintor de principios del siglo XVI, Juan Gascó, en qué el Niño vuelve la espalda al pecho que le ofrece su Madre y toma en sus manos el árbol de la Cruz que sostiene en el aire un ángel. (Fig. 76).

Otra de las escasas obras de orfebrería renacentista conservadas en Cuba, es el cáliz de estilo plateresco de la iglesia parroquial de Remedios. Está decorado en la mitad inferior de su copa con guirnaldas y querubes, y en el pie con los instrumentos de la Pasión. En el pie aparece además un escudo familiar partido en dos con cinco estrellas y con cinco panelas. En el mismo pie se lee, grabado: "N.° 1735" "D° Escovar". (Fig. 75).

De estilo renacentista de fines del siglo XVI, es la cruz procesional de Santa Clara de La Habana; tal vez se hizo ya a principios del siguiente. La manzana, que es postiza, es probablemente ya de mediados de éste. Otra cruz del mismo tipo con la manzana

---

[112] Copiada la inscripción precipitadamente, y sin comprender al hacerlo su verdadero sentido, doy a continuación su texto sin responder de su absoluta fidelidad

BED O QUARIDAD ES ETA XPO NUESTA LUC DF.NIO DEXAR LA TETA Y ABRACAR... ¿COL? †

[113] *María. Iconografía de la Virgen en el Arte Español.* Madrid. Plus Ultra. (1947), 201. Debo a la amabilidad del H. Justo Félix la fotografía que publico del portapaz, y que hizo tomar expresamente a mi ruego.

primitiva posee la iglesia parroquial de Trinidad. En una fotografía antigua expuesta en el Museo Bacardí, de Santiago, de la orfebrería de la iglesia de Bayamo, aparece también alguna cruz del siglo XVI. Tal vez todavía a fines del mismo siglo pertenece también el hostiario de la catedral de Santiago.

❉ ❉ ❉

Aunque sale fuera de los límites cronológicos impuestos al presente trabajo, y como sería demasiado larga para incluirla en nota, agregaré una sumarísima relación de las principales obras de orfebrería, que vistas por mí en la Isla puede ser útil para los interesados en el estudio de las artes industriales en Cuba durante el período colonial. Omito, salvo excepción, las ya citadas por Anita Arroyo en *Las Artes Industriales en Cuba*. (La Habana, 1943).

Del siglo XVII he visto pocas obras de interés. Tal vez la más importante sea la custodia de la catedral de Santiago, de la primera mitad del siglo, decorada con flores y querubes; de la segunda mitad supongo el jarro conservado en el mismo templo. Muy de fines, tal vez ya de principios del XVIII, debe de ser la bandeja ovalada de la catedral de La Habana, que tiene la conocida marea de Méjico de las dos columnas con la corona escuadrando la cabeza sobre la M.; de esos años serán también las dos bandejas circulares del mismo templo.

Las obras restantes son de menor interés. La Habana: En el Espíritu Santo, una naveta corriente, probablemente de fines de siglo; en Santa Catalina, un portapaz con la Santa titular, tal vez todavía de mediados. En la catedral de Santiago: portapaz de la Concepción con la cruz de Calatrava o Alcántara en el pedestal; crismera que por su estilo pudiera ser de este siglo, aunque su marca me hace pensar en fecha muy posterior: ARO...

Como es natural, la mayor parte de la plata religiosa conservada corresponde al siglo XVIII. Algunas obras son verdaderamente importantes y, por fortuna, sus autores nos las dejaron firmadas. No siempre me ha sido fácil precisar un tanto el período del siglo a que deben de corresponder las obras vistas.

Primer tercio del siglo XVIII. San Francisco de La Habana: atril con águila y decoración de follaje, que en la Península creería de hacia 1730. Santo Tomás de Santiago: custodia, de la primera mitad del XVIII.

A mediados de siglo, encontramos ya obras de primer orden para la historia de la orfebrería colonial.

Entre las obras de orfebrería barroca dieciochesca conservadas en la isla de Cuba, tal vez ninguna iguala en importancia y en singularidad a los dos espléndidos manifestadores de las catedrales de La Habana (0'67x0'38) y de Santiago[114]. (Figs. 77 y 78). Ambos son fundamentalmente hermanos, y tienen probablemente el mismo origen. Se deben a la piedad de don Pedro Agustín Morel de Santa Cruz, el primer prelado que, autorizado por el monarca, trasladó su residencia de Santiago a La Habana.

Tienen ambos manifestadores la forma de un enorme copón, cuyo cuerpo se abre para mostrarnos su interior. Su pie es de planta circular, y la parte cilíndrica de su cuerpo, lobulada, así como la media naranja ligeramente apuntada que la cubre.

Las diferencias entre uno y otro ejemplar se reducen casi exclusivamente a que en Santiago el pie es algo más elevado, y a que su remate, en el lugar del ramo de hojas con el cordero, de La Habana, es una corona.

Carece de elementos arquitectónicos, tan corrientes en piezas de orfebrería de estas proporciones y simulan estar constituidas por varias filas de hojas adaptadas a las formas dichas, y con los picos ligeramente arqueados al exterior. Pero lo que presta excepcional interés a estas dos obras, es su labor de filigrana, de tan vieja tradición española, y la indudable belleza de los efectos producidos por la luz al atravesar sus caladas superficies.

La filigrana, como es sabido, usada de antiguo en la Península, adquiere en la edad moderna, y sobre todo, en el siglo XVII, rápido florecimiento. Córdoba y Salamanca se distinguieron particularmente, pero en mayor o menor grado se cultivó la filigrana en otras muchas ciudades. Como es natural, otro tanto debió de suceder en los grandes centros de platería del otro lado del Atlán-

---

[114] Según mis notas, mide aproximadamente 0.70 de altura.

tico. Por desgracia, apenas se han publicado algunas piezas de filigrana, y se han recogido algunas noticias sobre la historia de esa técnica[115]. Que en América adquirió gran desarrollo, lo prueban las obras conservadas, entre las que ocupan lugar destacadísimo las dos piezas a que me refiero. No sería extraño, además, que alguna de las obras de ese género existentes en la Península, sea de origen ultramarino. Ya Lady Fanshawe[116] cuenta que al dejar España regalaron a sus hijas una cajita y un cofrecito de hilo de plata labrado en Indias.

El manifestador de Santiago ofrece para la historia de la platería de filigrana el particular interés de estar fechado y firmado. En la plancha circular de su fondo se lee la siguiente inscripción: "A pedim(ien)to del Yl(ustrisi)mo S(eño)r D(o)n Pedr(o) Ang(usti)n Morel de S(an)ta Cruz se opedo (sic)[117] en la tienda del altifisse J(ose)ph Ant(oni)o Perez. Año de 1756 a dos de febrero. (Rúbrica.) Habana. Pesa 389 onsas de plata. (Rúbrica.)" Es decir, corresponde a mediados del siglo XVIII, delatando el grado de florecimiento que todavía disfrutaba esa técnica en América.

Aunque hay noticia de que el obispo Morel hizo importantes donativos de obras de orfebrería nicaragüense a la catedral, y he visto en América Central piezas importantes de filigrana, la inscripción obliga a pensar, mientras no aparezca dato en contra, que se labró en La Habana[118].

Si, como en efecto parece seguro, estos dos manifestadores se labraron en La Habana, la orfebrería de Cuba de estos años, nada tiene que envidiar en la filigrana a la del continente ni a la peninsular.

[115] El trabajo más reciente en que se dedican unas páginas a la filigrana española es el de A. M. Johnson. *Hispanic Silverwook*, p. 110. N. York, Hispanic Societv, 1944. En él se recoge la bibliografía anterior.
[116] *Memoirs of Lady Fanshawe*, Londres, 1830, p. 234 cit. por Johnson, ob. cit, p. 110
[117] Al parecer, por "operó".
[118] Valdés (*Los Tres Historiadores de Cuba. III.* p, 469) cita como enviados desde Nicaragua (1750-1753) un frontal, dos atriles de plata dorada, siete blandones y un crucifijo que se usan los días de primera clase.

Obra también de gran importancia para la orfebrería en Cuba, es el frontal de la catedral, que se considera regalo[119] enviado por el obispo Morel desde Nicaragua (1750-1753). Es un hermoso ejemplar con tres medallones ovalados, donde se representan la Virgen del Rosario en el centro, un Santo Pontífice a la izquierda, y un Santo Prelado (¿San Agustín?) a la derecha. Su traza delata a un orfebre de primera calidad, por la distribución general de los temas, la seguridad en el dibujo de éstos, y por su factura cuidada. Los marcos en forma de bordes de venera de los tres óvalos, así como la multiplicación de este mismo tema de las veneras, confirman su origen centroamericano.

También debe de proceder del continente la hermosa bandeja circular gallonada del mismo tesoro de la catedral de Santiago. Tiene la marca de Méjico de la corona sobre las dos columnas, y la cabeza humana sobre la letra. Ahora bien, esa letra no es la M corriente, sino IV. No es la primera vez que encuentro esa marca, pero ignoro si corresponde a otra ciudad. Me cuesta trabajo creer que pudiera ser una N, y que en este caso correspondiese a la inicial de Nicaragua.

A estos mismos años de mediados de siglo, inmediatamente anteriores la toma de La Habana por los ingleses, corresponde el hermoso juego de copón, custodia y cáliz del convento de Santa Clara, obra del platero Lucas Camejo. El copón tiene en la parte inferior de su copa decoración calada y cuatro pendientes de piedra. Su inscripción nos dice cuándo y quién la hizo. Reza así: "Este copon se hiso en el año del 1758 siendo a(vade)sa S(an)to Tho (m) as Barrete y conta(do?)ras las M(adres) S(an) Miguel Manzo y S(an) Martin Peres Y lo iso Lucas Camejo".

Tal vez corresponda también a mediados de siglo en la catedral de La Habana la custodia de los cuatro pendientes de piedra, y un cáliz con decoración calada. De fecha también algo imprecisa, por no conocer suficientemente la evolución del follaje barroco cubano, encuentro la gran venera de la iglesia mayor de Matanzas.

---

[119] Valdés. Ob. Cit., p. 469.

En el último tercio del siglo, casi todas las obras en mayor o menor grado aparecen ya decoradas por el típico tema fie la "roeaille" del Luis XV. Debe de hacerse corriente por los mismos años que en la Península. En la obra fechada más antigua que lo encuentro, es la custodia de Santa Clara de 1767.

Habana. Catedral: cáliz con decoración calada. Tabernáculo: no pude ver si tenía inscripción y marca.

Santa Catalina: copón con decoración calada sobrepuesta en 1a parte inferior de la copa y en el pie, con pendientes de piedra. Bandeja con las marcas: león rampante en un círculo, 99 y otro ilegible. Fuente y jarro ya del siglo XIX, MARTINEZ de estilo rococó, con las iniciales del propietario: Y. M. P. y S., y las marcas: COMAS, ¿escudo de España?, y B... R.

Espíritu Santo: hermosa serie de varas de palio y guión del Santísimo, que, a juzgar por el escudo de las tres coronas y de las estrellas, debe de proceder de la iglesia de Belén; tienen marcas de Méjico: la corona sobre las dos columnas con la cabeza sobre la M, el águila en el círculo, y G N Z[120], y AR X A.

San Francisco: hermosa custodia que a juzgar por el corazón que la decora, debió de pertenecer a los agustinos. Marca: M coronada; águila dentro de un círculo; ...N G?... Santo Domingo: cáliz de pie lobulado con decoración sobrepuesta rococó.

Santa Clara: custodia con la inscripción: "Se hizo a exmero del menos útil hijo de este convento de N. S. P. S. Francisco de la Habana. Año de 1767". (0'65. aproximadamente).

Santiago. Dolores: manifestador en forma de tabernáculo de planta trapezoidal, con estípites, y la inscripción siguiente: "Se hiso a devosion del S. D. Matheo Hechavarria y Elguerru. Año 1779".

Catedral: cáliz. Santa Lucía: cáliz imitación del anterior.

Trinidad. Parroquial: atril.

---

[120] Probablemente el de Diego González de la Cueva, ensayador mayor de 1733 a 1778. Véase Anderson. *El Arte de la Platería en México.* N. York, 194 1. I. 329.

Aunque no recuerdo si presentan el típico tema del rococó citado, corresponden, también al último tercio del siglo, las obras siguientes:

Habana: la custodia del Cristo del Buen Viaje con la inscripción siguiente: "Es de la Archicofradia del Ssmo. Sacra(men)to de la Parroquia ausiliar del S(an)to Christo. Año 1788". Es obra importante en su género que merece limpiarse, y ser tenida en estima. Tabernáculo del altar, mayor (1776) y altar del lado del Evangelio de Santa Clara.

Santiago: cruz procesional de la iglesia de Dolores, que supongo de este período, aunque no estoy muy seguro de ello.

Habana. Catedral: custodia de estilo neoclásico, marcas: F. coronada, CASTRO y otra diminuta que no leí; tres ánforas, una palmatoria de 1805, etc.

Santa Catalina: naveta con las marcas de Barcelona: BAR; TUR; VILAR.

Santiago. Santa Lucía: portaviático. Trinidad: custodia de la iglesia mayor de estilo ya clásico e inscripción: "Siendo Guardian el R. P. fray José Hernández Ygnacio María Heredia fecit año 1815".

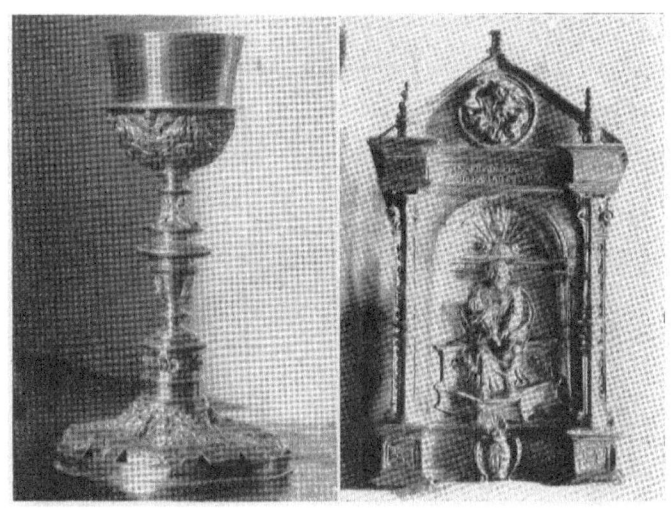

Fig. 75.—Cáliz de la iglesia de Remedios.
Fig. 76.—Portapaz de la Catedral de Santiago de Cuba.

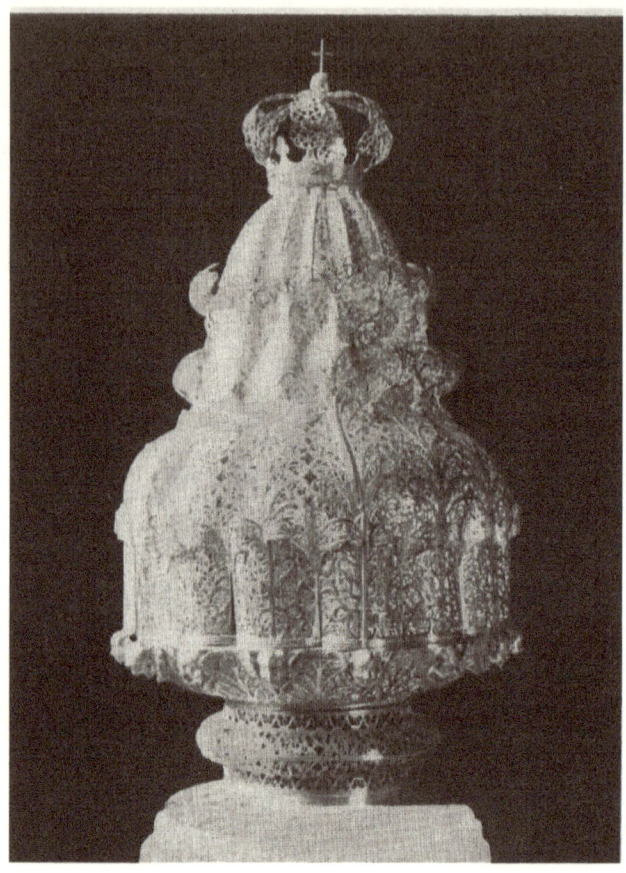

Figs. 77 y 78.—Manifestadores de filigrana de las Catedrales de Santiago de Cuba y de La Habana, el primero fechado en 1756.

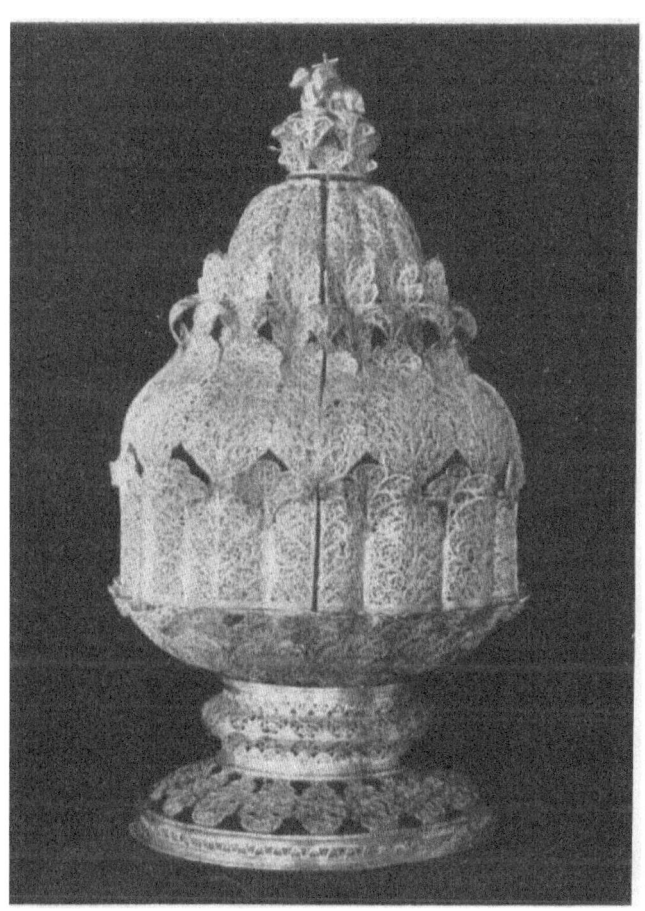

APÉNDICE

ANGULO IÑIGUEZ, DIEGO: *El Gótico y el Renacimiento en las Antillas*. Sevilla, 1947, Consejo Superior de Investigaciones Científicas, Escuela de Estudios Hispano-Americanos de Sevilla, XXXVI. Edición especial del Estudio publicado en el tomo IV del Anuario de Estudios Americanos. 101 p., 81 fig. [1]

El nuevo libro de Angulo está concebido como una especie de suplemento al capítulo I del I. volumen de su *Historia del Arte Hispanoamericano* de 1945. La obra sólo en parte corrige los errores o suple a las omisiones de la *Historia,* y pese a unas contribuciones interesantes no puede igualarse a los meticulosos trabajos con los que el entonces catedrático de Sevilla enriqueció la historia del arte americano. Como una discusión más técnica ha de ser reservada para otro lugar, limitaré mis observaciones a un breve relato crítico.

La primera parte está dedicada a la arquitectura de la Española. Angulo distingue ahora las partes de la *iglesia de los dominicos* debidas al primer siglo de la colonización, de las añadiduras del siglo XVIII, limitándose a plantear el problema complicado del crucero. Señala, además, las importantes yeserías y los altares platerescos. La *iglesia de Santa Bárbara* es datada, en cuanto a su arquería gótica atañe, en el 1535. Anteponiendo así los criterios estilísticos a una serie de documentos, Angulo no advierte que la iglesia de 153 5 fue trasladada a su emplazamiento actual en 1574.

---

[1] Nota del editor: Esta es la primera versión de la reseña de Erwin Walter Palm, aparecida en castellano, en la *Revista de Historia de América*, núm. 26 (dic., 1948), pp. 446-449, publicada por el Instituto Panamericano de Geografía e Historia; la segunda versión, corregida y aumentada, que luego presentamos, se dio a conocer en la sección de "Book Review", de *Art Bulletin*, núm. 33 (1951) pp. 212-215.

Semejantes descuidos ya han llevado a Angulo a datar en su *Historia* el portal del *Colegio de Gorjón* en el 1516-19, en lugar de 1540, o de atribuirle a Ovando, es decir, a los años entre 1503-09, el plano cruciforme de la *obra nueva del Hospital de San Nicolás*, cuya construcción sólo parece empezar en 1533. Al tratar de la capilla de la *obra vieja* (entonces no de la *Altagracia*, como afirma Angulo, sino de la *Concepción)*, el trabajo confunde los alarifes de los dominicos con los de los mercedarios, pero contribuye, más adelante, una interesante hipótesis acerca de la posible construcción —hasta ahora puesta en duda— de los patios del hospital correspondientes al plano cruciforme. El libro añade varias iglesias menores al catálogo de los monumentos góticos: la (como supongo) *capilla de los Lázaros* del Hospital del mismo nombre, la *iglesia de los Remedios,* y la de *Santa Clara,* ya del siglo XVII (la lápida indica 1648, no 1608, como transcribe Angulo), pero omite la del *Rosario,* cuyo pórtico es de un interés particular para la historia de los tipos de la arquitectura española en América.

A fin de mantener la afirmación de su *Historia* acerca de la importancia del llamado testero mudéjar de la *Iglesia de Jacagua* (Santiago de los Caballeros), Angulo interpreta arbitrariamente el plano de 1747 publicado por quien escribe, plano que demuestra la incompatibilidad del testero actual con el ábside semicircular señalado en el *croquis* del siglo XVIII. Como —sea permitido citar al rey borbón— "chi nasce quadro non puo morir rotondo", ni puede suceder a la inversa, el incómodo testimonio de la curva es eliminado por Angulo quien le atribuye, a lo que era ábside, el significado de arco abatido que indicaría una bóveda: la cual empresa llevaría a la conclusión que la iglesia habría estado sin testero en el siglo XVIII, y, por consiguiente, que el actual es moderno: *quod erat demonstrandum.* En cambio, los machones —en los cuales Angulo advierte la técnica de ladrillo mudéjar —si corresponden a la construcción original y están conformes con el plano.

Mientras tanto, la documentación publicada recientemente por quien escribe, coincide con Angulo en borrar de la lista de las construcciones debidas a Rodrigo de Liendo los *portales de San*

Francisco y de la Merced. Por otra parte, la confusión de los títulos
y fechas correspondientes de *Maestro Mayor de la Catedral* res-
pectivamente *de las obras reales* le dificulta a Angulo el discutir la
intervención de Liendo en la Catedral. También deja de mencio-
nar su actuación en la iglesia de los dominicos, pero acepta ahora
que la de los franciscanos se techó sólo en *1664,* en lugar de 1566,
como había indicado en su *Historia.*

Un problema más serio lo ofrece la iglesia de *Regina Angelorum.*
La documentación del XVIII indica una "iglesia nueva" que en
1714 tiene "hechos los cimientos" y en 1722 está acabada. Angulo
fecha en el XVI la puerta lateral plateresca y las puertas interiores
con arcos conopiales, cumpliendo así con el criterio estilístico.
Pero al admitir que la parte superior de la fachada es barroca, no
advierte que la mano a la que atribuye la puerta plateresca, vuelve
a decorar precisamente la parte superior del imafronte, y que los
arcos conopiales se aplican también en el coro alto; lo que fecharía
todo el casco en el XVI (con excepción de la bóveda, gótica (!),
del siglo XVIII). Estamos, pues, ante un dilema que, a mi parecer,
puede ser decidido sólo si se obtienen nuevos datos.

El capítulo cierra con las casas góticas de la hoy *Calle de Colón,*
y una serie de patios en los cuales aparece el motivo de las arquerías encuadradas por un alfiz rehundido. Pese a las afirmaciones
de Angulo, el motivo del alfiz continúa en la arquitectura de la
Española hasta el siglo XIX.

Por un capricho algo difícil de justificar en un catálogo de omisiones, no aparecen ni una de las construcciones más impresio-
nantes de la ciudad, la *atarazana* (1509-después de 1541), de sin-
gular importancia en la historia de los monumentos americanos,
ni la *Puerta de San Diego,* ni el *fuerte de La Vega,* del segundo
decenio del siglo XVI.

Las páginas dedicadas a Puerto Rico, Cuba y Jamaica, resultan
terreno más seguro. En Puerto Rico —hay una errata, la Catedral
se da por terminada en 1587, no en 77 —Angulo añade al catálogo
de los monumentos góticos la antigua *iglesia de los dominicos, hoy
de San José,* cuyas semejanzas con la de la orden en la Española

habían sido advertidas ya por Tileston Waterman; en Cuba, el conocido *monumento sepulcral de Marta de Cepero y Nieto*. El resumen hubiera debido incluir el testero gótico del *Espíritu Santo* de La Habana (siglo XVII), único en la arquitectura cubana, y la fachada escalonada de la *iglesia de Remedios*. La parte más importante del libro son las páginas dedicadas a los hermosos fragmentos arquitectónicos en Jamaica, procedentes de las *ruinas de Sevilla La Nueva,* que vuelven a integrar la isla en su pasado histórico. Si las piezas, en parte de una pureza extraordinaria, son efectivamente de la segunda década del siglo XVI como supone Angulo, constituirían un jalón inesperado en cuanto a la introducción del plateresco en las Indias. Angulo ofrece, además, una interesante discusión de las ruinas de la iglesia (de poco antes de 1525-34), debida a Petrus Martyr.

La segunda parte está dedicada a pintura, escultura, azulejos y orfebrería. Los escasos restos de escultura son conectados certeramente con la Escuela de Sevilla. La discusión de las, no menos raras, pinturas hubiera debido incluir el retablo de la Virgen de Altagracia de Higüey; la de los murales, el retablo (hoy destruido) de la Catedral de Santo Domingo tras el altar mayor (publicado por Alemar). El tratamiento experto de los azulejos insiste con razón en las magníficas piezas de las tres islas.

En cuanto a la orfebrería, el rápido inventario que incluye todos los siglos, no quiere dar sino una idea general. El lector celebrará las noticias que indican importantes grupos de platería hispánica en las Antillas.

Erwin Walter Palm.
Universidad de Santo Domingo.

Revista de Historia de América, No. 26 (diciembre de 1948), pp. 446-449.

Diego Angulo Iñiguez, "El gótico y el renacimiento en las Antillas, arquitectura, escultura, pintura, azulejos, orfebrería"

DIEGO ANGULO IÑIGUEZ, *El gótico y el renacimiento en las Antillas, arquitectura, escultura, pintura, azulejos, orfebrería,* Consejo Superior de Investigaciones Cientificas, Seville, 1947 (Escuela de Estudios Hispano-Americanos de Sevilla, XXXVI. Edicion especial del estudio publicado en el tomo IV del "Anuario de Estudios Americanos"). 101 pages, 81 figs.

Two years after publishing volume 1 of his *Historia del arte hisfanoamertcano,* Professor Angulo Iñiguez has now studied the Antillan monuments on the spot and has produced, in a special edition, a number of valuable and much desired additions to the first chapter of his general treatise. Dealing with the first nucleus of Spanish architecture in the New World, the subject is of great interest to any student of Hispanic art.

To the body of architectural monuments discussed in his *Historia,* the author has added some fine Gothic houses and five minor churches in Ciudad Trujillo. The churches of Santo Domingo and San Francisco and the Hospital de San Nicolas in the same town as well as the ruins of Santiago de los Caballeros have been reexamined. In Puerto Rico the discussion includes one more Gothic church, and there is interesting new material on early Spanish architecture in Jamaica. A small group of statues have been identified as belonging to the Sevillian School of the second half of the sixteenth century and the few examples of sixteenth century painting extant have been treated briefly. As far as the minor arts are concerned, the reader is made acquainted with important goldsmithwork and jewelry. A special chapter has been dedicated to tiles.

By far the most important contribution is the chapter on Jamaica. The publication of the fine architectural fragments of plateresque decoration, now at the Institute of Jamaica, that were recovered several years ago from a well in the ruins of Sevilla La Nueva (near the present St. Ann on the north coast of the island), reintegrates Jamaica into the early history of Spanish art in the New World. Señor Angulo proposes to interpret the striking purity of the plateresque ornament as the work of the generation immediately after Lorenzo Vasquez. If we accept such a hypothetical dating in the 'twenties of the sixteenth century, Jamaica provides the earliest example extant of Renaissance decoration in the New World—and this at a moment when, in the capital of the Antilles, building was still carried on in Isabellinian Gothic. The significance of this find is broadened by a discussion of the literary evidence relating to the church, begun about 1525 by Petrus Martyr in his capacity of abbot of Jamaica. Such an architectural primacy coordinates the humanistic building activities of this reporter of the Discovery with those of the charming Alessandro Geraldini in Santo Domingo and the witty Erasmian, Lazaro Bejarano in Curazao.

Less fortunate is the treatment of the monuments of Hispaniola, which is incomplete, plagued by inaccuracies, and suffers from preconceptions resulting from the author's method of dating.

His recent disregard of documents, already harmful to his *Historia,* has now led to a number of arbitrary statements that one cannot accept from the author of the excellent *Planos de monumentos arquitectonicos de America y Filipinas existentes en el Archivo de Indias.* The question how early or late a stylistic detail may appear in colonial —that is, in provincial— art, cannot be determined a priori by allowing a fixed margin in comparison with metropolitan practice. Only after such limits have been established by documentary evidence for each province concerned can a satisfactory dating be undertaken on a stylistic basis. Thus Señor Angulo has dated the doorway of the Colegio de Gorjon at Santo Domingo in the years 1516-1519 *(Historia,* I, p. 105). Stylistically this seems correct. Yet a few pages beyond the point he cites, the very documents used by Señor Angulo show that the house was built between 1538 and 1541 or shortly afterward.[2] It would have been only fair to his readers to have corrected this and similar laxities of the *Historia* in a paper written expressly for this purpose. In discussing the Church of Santa Barbara, Señor Angulo dates its Gothic parts in the first half of the sixteenth century, once more following a purely stylistic criterion. He should have been prevented from this by the series of documents of 1571, 1575, and 1591 which describe the church as a straw shed or a building destroyed by a hurricane "down to the very foundations" (documents quoted by Angulo, p. 5). Moreover, it has escaped his attention that the edifice of 1535, with which he wishes to associate the Gothic elements, cannot be identical with that of 1575, as the former "was situated outside the town and was transferred inside" almost forty years later, in 1574.[3] The Isabellinian pearl decoration on which Angulo bases his dating is, like other isolated Isabellinian elements, a somewhat untrustworthy means of dating.[4]

There remains the thorny problem of *Regina Angelorum,* dated by the reviewer 1722.[5] Señor Angulo insists that against any documentary record there stands the stronger proof of the monument itself. "There is no doubt," he says (after having admitted that the Gothic vaulting may belong to the eighteenth century), "that the upper part of the main facade was finished during the Baroque. But," he continues, "the plateresque side door must be

---

[2] E. W. Palm, "Plateresque and Renaissance Monuments of the Island of Hispaniola," *Journal of the Society of Architectural Historians,* V, 1946-47, pp. 3ff.

[3] "La parrochia de Santa Barbara estuvo fuera de la ciudad y se trasladó dentro y se le dieron de limosna 1000 ducados," *Colección de documentos inéditos relativos al descubrimiento, conquista y organización de las antiguas posesiones españolas de Ultramar,* 2nd series, Madrid, 1885-1925, published by the R. Academia de la Historia, XVIII, p. 17.

[4] Palm, "Estilo y época en el arte colonial," *Anales del Instituto de Arte Americano e Investigaciones Estéticas,* Buenos Aires, II, 1949, pp. 7ff.

[5] *La arquitectura del siglo XVIII en Santo Domingo,* Ciudad Trujillo, 1942, Publicaciones de la Universidad de Santo Domingo (quoted below as *PdUStD),* XXI, pp. 14ff.

dated [so far as style is concerned, very convincingly] between 1570 and 1580." It seems to have escaped Professor Angulo's eye that the sculptural decoration of this very upper part of the facade is the work of the same hand as the side door. Also the reversed *(conofial)* arch of the inner door (fig. 23) appears again on this upper part at the height of the choir loft. As recently published documents[6] repeatedly mention a "new church" whose "foundations" existed in 1714, the alternative is either to consider the whole series of documents as unreliable or to assume that plateresque details were revived locally with astonishing purity during the eighteenth century.

The strangest part of the treatise is Professor Angulo's attempt to save the honor of the church at Jacagua whose apse used to be considered as the oldest *mudéjar* construction extant in the western hemisphere.[7] Yet if the apse of a church appears semicircular in a plan of the eighteenth century and is flat in 1944, one is bound to conclude that either the plan is false or the present apse is rebuilt. Señor Angulo has resorted to the expedient of interpreting the apse in the sketch as the indication of a vault. This would mean that in the eighteenth century the church was a ruin open toward the chancel, in which case the present flat apse would still remain a later addition. In order to devalue the uncomfortable document, the sketch of 1744 is styled "muy tardío," an observation which proves nothing.[8] Finally, a piece of Gothic masonry like the one reproduced in figure 18 can hardly determine whether the vaulting is to be dated 1511 or nine years later,

---

[6] *Boletín del Archivo General de la Nación* (quoted below as *BdAGN*), Ciudad Trujillo, xi, 1948, pp. 135ff.

[7] For documents proving the apse to be a romantic reconstruction of the nineteenth century, see Palm, "Las ruinas de Jacagua," *BdAGN*, IX, 1946.

[8] As a matter of fact, our graphic information concerning Spanish colonial monuments is not infrequently eighteenth century material, to which Señor Angulo's earlier work bears ample witness (at Santo Domingo, e.g., the plans of the palace of Columbus, 1770; plans of San Nicolas, 1783).

as the reviewer has tentatively proposed, to comply with the documentary evidence.[9]

Apart from such misdatings and misinterpretations, the pamphlet is full of obvious slips owing to the haste with which it was composed. For example, the Andalusian masons Gutierrez Navarrete, who were under contract in 1524 to the Dominicans (as Sr. Angulo states correctly, *Historia*, 1, p. 98), appear on page 8 as active for the Mercedarians. They are even adduced to prove the diffusion of Andalusian architecture at Hispaniola five years before their possible arrival.[10] Next: the chapel of the *obra vieja* of the *Hos-fttal de San Nicolas*, which Sr. Angulo adds to the list of Gothic monuments treated in his *Historia*, was originally dedicated to the Concepcion (not the Altagracia, as it appears in the relevant chapter). Curiously enough, his preoccupation with the church of Jacagua has here prevented him from mentioning the fact that he is dealing with the oldest religious monument preserved tolerably intact in the New World (1519). Another of the minor Gothic churches, Santa Clara, was rebuilt in 1648, not in 1608, as Angulo reads the inscription.

Now to the somewhat chimerical work of the architect Rodrigo

---

[9] "Las ruinas de Jacagua," *op.cit.*, p. 98. Since Professor Angulo published his book, the dependencies that surround the church on four sides, have hypothetically been identified as rooms for the Indians who were being instructed (cf. F. Cipriano de Utrera, *apud* Emilio Rodriguez Demorizi, "El Convento de San Francisco en 1750," *BdAGN*, x, 1947, pp. 233ff., n. 11). I agree with Professor Angulo in considering as authentic the foundations of the sidewalls of the church and several isolated pieces of brick work examined by him.

[10] Moreover, their very arrival must be treated with caution as no document proving their embarkation has emerged so far from the records of the *Pasajeros a Indias*. One should keep in mind that frequently a contract signed in the motherland does not imply the departure of the contractee for the colonies.

de Liendo (pp. 15ff). My recent discussion[11] of the full documentary record is in accord with Professor Angulo in canceling from the catalogue of his work the main portals of La Merced and San Francisco. In the light of those documents, it is even doubtful whether the apse of La Merced can be attributed to Liendo, whereas the choir loft of Santo Domingo with its complicated vault is now secured as his work,[12] and Liendo's newly discovered title, *maestro mayor de la Catedral,* a position he held from 1538/1539 on,[13] seems to confirm his close association with the construction of several of the side chapels of the cathedral. Señor Angulo now accepts the reviewer's thesis that the vaulting of San Francisco dates from 1665 (instead of 1566, *Historia,* I, p. 97) but observes that the apse may possibly have been vaulted at an earlier date. The reviewer has pointed out the affinity between this part of the vault and the apse of San Jerónimo at Granada.[14] Yet he does not believe that the Gothic profiles of the ribs can be adduced as an argument, given the fact that such profiles occur in Santo Domingo throughout the seventeenth century.

In reexamining the church of the Dominicans, Angulo now distinguishes (contrary to his *Historia,* 1, p. 98) the sixteenth from the eighteenth century parts, pointing out the highly interesting problem of the crossing; yet he fails to offer a solution. His interpretation of the puzzling decorative corbels as a functional element which survived from a projected scheme of vaulting is not convincing. An identical corbel is repeated on the outside on the north flank of the church. A photograph of the *mudéjar* cloister

---

[11] "Documentos y testimonios relativos al arquitecto Rodrigo Gil de Rozillo, llamado Rodrigo de Liendo," *Anales de la Universidad de Santo Domingo, x,* 1946, pp. 281-335.

[12] *ibid.,* pp. 283 and 284.

[13] Angulo, *Historia del arte hispanoamericano,* Barcelona and Buenos Aires, I, 1945, p. 116, quotes him as "maestro mayor de las obras reales" for 1539, a confusion resulting from a title that was granted to him in 1534 (cf. Palm, review of Angulo's *Historia, Anales de la Universidad de Santo Domingo,* IX, 1945, p. 274).

[14] *Rodrigo de Liendo, arquitecto en la Española, PdUStD,* XXVIII, 1944, p. 38.

(quoted *Historia,* I, p. 98), which is unknown to the reviewer, would have been welcome.

In general, Professor Angulo has adhered to the strange principle of selecting primarily controversial monuments for his *sficilegium.* Although the omission of the ruins of La Isabela may be accounted for on archaeological grounds—in spite of the fact that the author discusses archaeological evidence in Jamaica and Puerto Rico—the fact that he mentions neither a monument of such first rate importance as the colonial dockyards[15] (1509-after 1541) nor the late-plateresque city gate, the Puerta de San Diego,[16] is hard to understand. A note on the early sixteenth century fortress of La Vega should have been included under the heading of "Las ruinas de Santiago y de la Vega." Nor should the Gothic church of Sta. Maria del Rosario with its interesting porch remain unmentioned.

Of course no history can ever be complete. Angulo now adds to his catalogue of sixteenth century work in Cuba the sepulchral monument of Dona Maria de Cepero y Nieto at Havana (1557), quoted by the reviewer[17] to prove the early presence of purist tendencies, and thus makes up for his previous reliance upon incomplete second-hand material. Yet following his discussion of seventeenth century Gothic monuments at Santo Domingo, one would have expected him to include the Gothic cross vault of the chancel of the Church of Espiritu Santo at Havana, the only Gothic vault extant in Cuba.

The chapter on Puerto Rico, given the scarcity of material, adds little to the *Historia* except the valuable interpretation of the

---

[15] Palm, "La Atarazana de Santo Domingo," *Boletin del Instituto de Investigaciones Historicas,* Buenos Aires, XXVII, 1943, pp. 42ff. Additions and corrections in the reviewer's forthcoming book: *Los monumentos arquitectónicos de la Española.*

[16] *idem,* "La Puerta de San Diego en Santo Domingo," *BdAGN,* v, 1942, pp. 282ff.

[17] Review of Angulo, *op.cit.,* p. 275.

transept of San Jose (the former church of the Dominican friars)[18] resembling in some respects that of Santo Domingo at Ciudad Trujillo. However, one notes some confusion. The building mentioned by Bishop Fuenleal as "well built" and "almost ready" in 1528 seems to have been the monastery rather than the church, since four years later, in 1532, only the foundations of the church existed.[19] The Cathedral of San Juan, begun by Bishop Bastidas in 1540, was not finished in a preliminary way in 1577 (as misprinted, p. 23) but some time before 1587. Nor was it single-aisled, as Angulo asserts,[20] having had a nave and two aisles separated by columns, according to the description of the chaplain of the Cumberland fleet[21] which took San Juan in 1598. Insofar as civil architecture is concerned, one misses allusion to the archaeological evidence for the *ajimez* window[22] in Ponce de Leon's house at Caparra (1509-15 12), the tiles of which are discussed at length in the chapter on *azulejos*.

Professor Angulo, to whose connoisseurship we owe the recent catalogue of the jewels of the Dauphin at the Prado, has used this opportunity to give a condensed inventory of the important treasures of silverwork in the Antilles. He includes in his survey not only Gothic and Renaissance pieces but also those belonging to the following two centuries. The lover of Hispanic goldsmithwork will be grateful for Señor Angulo's indication of such important groups as the sixteenth century civil jewelry and the jetwork at Ciudad Trujillo, the sixteenth century pieces in Cuba,

---

[18] Thomas Tileston Waterman, "The Gothic Architecture of Santo Domingo," *Bulletin of the Pan American Union*, Washington, D.C., LXXVII, no. 6, 1943, p. 316 (refuted in other respects on p. 3 of Señor Angulo's paper), should have been given credit for the observation of this interesting parallel.

[19] Antonio Cuesta Mendoza, *Historia eclesiástica del Puerto Rico colonial*, Ciudad Trujillo, I, 1948, p. 293.

[20] Following Manuel Balbuena de la Maza, "La Catedral de San Juan de Puerto Rico," *Arte en América y Filipinas*, Sevilla, II, 1936, p. 119.

[21] *Boletín histórico de Puerto Rico*, v, 1918, p. 53.

[22] Adolfo de Hostos, *Investigaciones históricas. Las excavaciones de Caparra*, San Juan de Puerto Rico, 1938, p. 57.

or such things as the frontal of the well-known Central American eighteenth century type in Santiago de Cuba and other repousse work. The lack of reproductions is unfortunate, particularly since Professor Angulo's rapid account is not free of errors and includes even the unchecked references in his notebook (as is stated apologetically on p. 60). Thus he reads 15 19 on the lid of the chest of the Sacrament of the Cathedral of Santo Domingo instead of 1579 and is rightly astonished at such an early manifestation of the Renaissance (p. 53). Though stylistically the piece reflects a moment some decades prior to the date inscribed, there can be no doubt as to the reading of 1579 verified by the dates of the donor (confused by Señor Angulo with a man of the same name).[23] As to the most important single piece, the monstrance of the same cathedral treasure, Professor Angulo insists on dating it in the middle of the sixteenth century. On stylistic grounds, the reviewer would prefer[24] the date proposed by Señor Angulo. However, it is hard to believe that the decisive document of 1586 could be untrustworthy, as he proposes, since it states explicitly that the monstrance of the Cathedral of Santo Domingo formed part of the ransom paid to avoid total destruction of the town by Drake. On the other hand, a goldsmith's design could well have been preserved and used at a moment when the official fashion had already changed.[25] The fine monstrance in the Cathedral of San Juan from the end of the sixteenth century is a valuable addition to our knowledge of Hispanic silverwork in the Antilles.

---

[23] Utrera, "Almoneda del Ingenio de Hernando Gorjón," *Clío, Revista de la Academia Dominicana de la Historia,* Ciudad Trujillo, XVI, 1948, no. 81, p. 14 n. 36; Palm, "The Treasure of the Cathedral of Santo Domingo," *The Art Quarterly,* XIII, 1950, p. 137 n. 19.

[24] As expressed on the occasion of the discovery of the marks by the Marques de Lozoya, cf. "Letter to the Editor," *Gazette des beaux-arts,* series 6, XXXVI, 1948, p. 256; see also "A Descendant of the Arfe Family in Spanish America," *ibid.,* XXXIV, 1946, P. 99.

[25] I am indebted for this observation to Miss Ada Marshall Johnson of the Hispanic Society of America.

El hospital de Nicolás de Ovando en Santo Domingo
Diego Angulo Íñiguez

Aunque hoy se encuentra en ruinas, es el Hospital de San Nicolás uno de los monumentos más importantes de la actual República Dominicana y uno de los más interesantes de la primera etapa de la arquitectura española en América[1]. Desde que, con motivo de la Exposición Ibero-Americana, se publicó un pequeño folleto sobre las ruinas del Hospital de San Nicolás[2] de la ciudad de Santo Domingo, en la antigua Isla Española, tuve el propósito de ocuparme de él como de uno de los testimonios más interesantes de la fortuna alcanzada al otro lado del Atlántico por los hospitales cruciformes puestos en boga en España por los Reyes Católicos. Mas la aparición en el Archivo de Indias, de unos planos del monumento, cuando aún se encontraba en uso, han ido demorando mi propósito por el deseo de incluir su estudio en la obra que sobre los *Planos de monumentos arquitectónicos*[3], existentes en aquel Archivo, tengo en publicación. Allí se encuentran ya reproducidos los planos de referencia[4], y en estas páginas, escritas en homenaje del descubridor de Mé-

---

[1] Publican varias reproducciones del monumento el señor Noel en su *Teoría histórica de la arquitectura virreinal*, 1932, págs., 116, 146, y el folleto *Ruinas del templo de San Nicolás de Bari.*

[2] *Ruinas del templo de San Nicolás de Bari.*

[3] *Planos de monumentos arquitectónicos de América y Filipinas existentes en el Archivo de Indias*, Sevilla, 1933-1935, láms. 33-35.

[4] Fueron levantados por orden del Arzobispo y del Capitán general con motivo de haberse acogido al beneficio de inmunidad un soldado homicida que allí se encontraba hospitalizado. Don Antonio Ladrón de Guevara, que ejecutó el del General, era comandante de ingenieros.

rida, daré cuenta de los documentos que le acompañan y subra-
yaré la importancia que el monumento tiene para la historia de
nuestra arquitectura.

Las noticias que acerca de su construcción poseemos son bien escasas. Según una tradición recogida en el año de 1695[5], el actual
edificio ocupa el emplazamiento del bohío, en que una negra, con
anterioridad a la llegada de Nicolás de Ovando a la Isla, acogía y
cuidaba piadosamente a los enfermos pobres. Noticias[6] reunidas
por orden del Arzobispo, al remitir los planos citados, aproximadamente un siglo después, nos dice que "fundo y favrico el men-
cionado hospital como oy se ve" Nicolás Ovando, por los años
de 1502 a 1509, en que gobernó la Isla, "con los arvitrios de sus
moradores y haviendo dejado su principal fundo (según noticia
segura) vna morena para que se construyese dicha casa"[7]. Uno de
los testigos que figuran en aquel informe, y que para dar fuerza a
sus afirmaciones manifestó previamente que había copiado todos
los papeles de la fundación y todos sus privilegios, declaró que lo
fundó Ovando con su propio caudal y el de algunos vecinos para
la curación de doce pobres, un niño y dotar todos los años una
doncella blanca que se sorteara la víspera de la Concepción.

La parte conservada que conozco del edificio es de ladrillo, tapia
y cantería. Los grandes arcos del segundo piso del crucero, que
son apuntados, descansan en ménsulas de estilo Renacimiento, y
la fachada, en cuanto puedo juzgar por un pobre grabado[8] presenta un arco, también apuntado, a que sirve de encuadramiento
un alfiz quebrado.

El estilo Renacimiento se empleó, sin embargo, desde los comienzos de la obra, ya que a él pertenecen los pedestales del crucero. Sobre ellos cargan gruesas columnas lisas, como las de aque-

[5] Utrera, *Santo Domingo. Dilucidaciones históricas*, 232.
[6] Documentos que acompañan a los planos en el Archivo de Indias, Sección de Santo Domingo, leg. 989.
[7] Véanse además las consideraciones que hace Utrera (*Dilucidaciones*,
233-238) sobre la historia de la fundación.
[8] *Ruinas del templo de San Nicolás.*

lla catedral, coronadas por capiteles que, como allí, aparecen decorados por un hilo de perlas, si bien el papel de equino que desempeñan les presta un aire mucho más clásico.

Aunque tal vez no sea absolutamente imposible que un edificio de esas características se construyese dentro de la primera década del siglo, conviene tener presente que la catedral de aquella población, obra de estilo gótico indudablemente más puro que San Nicolás, es posterior a esa fecha, y cuesta trabajo admitir esa gran diferencia estilística tratándose de una población tan pequeña como era entonces Santo Domingo y donde las actividades artísticas debían de encontrarse tan intervenidas por los elementos directores.

Recordaré, por último, que se ha supuesto obra de alguno de los compañeros de Alonso Rodríguez[9].

La parte de las ruinas del Hospital de San Nicolás, reproducida en la fotografía que ilustra estas líneas, tiene el aspecto del crucero de un templo. En ella se ven las columnas adosadas a los tres machones que aún existen, así como los restos de las dos naves que allí se cortan. El brazo del crucero puede reconocerse perfectamente a la derecha, con sus dos arcos laterales, y a la izquierda la gran nave principal, interceptada por un arco carpanel. El muro que cierra éste, y que presenta una estrecha puerta adintelada en su parte central, debe de ser obra posterior, sin relación alguna con el proyecto primitivo. Cuanto queda en el primer término de la fotografía, al parecer, total o casi totalmente arruinado, y que supongo la parte anterior del edificio, puede reconstruirse perfectamente, gracias a los planos conservados en el Archivo de Indias. Ellos nos aseguran que ese gran espacio estaba ocupado por tres naves, que, en realidad, eran otros tantos salones comunicados entre sí por medio de dos puertas. La nave del centro terminaba por una parte en la puerta principal del edificio, y atravesando por la otra el crucero se prolongaba otro tanto, pero ya

---

[9] Utrera, *Dilucidaciones históricas,* 66; Revello, *De Arquitectura colonial,* Azul., II, núm. 8; Muro, *Alonso Rodríguez.*

sola, sin las naves laterales. En consecuencia, situándose en tramo crucero podían contemplarse dos naves, una la del crucero mismo, de brazos bastante cortos, y otra, la principal, de brazos mucho más largos y aproximadamente iguales. No cabe, pues, pensar que uno de ellos fuese el presbiterio.

El interés de este monumento no está sólo en su planta baja, pues en la alta repetía análoga disposición. Las ruinas mismas, con las huellas de las vigas que se advierten en el brazo del crucero y con el arranque de los nervios que de los capiteles de las columnas parten en sentido diagonal para formar la bóveda que cubría el tramo del crucero, nos declaran que el edificio tenía dos pisos. La fotografía reproducida asegura además que ese tramo del crucero presentaba también en el segundo piso una bóveda gótica de nervios, y que se comunicaba con las naves por cuatro grandes arcos. Los planos del Archivo de Indias, como en el caso de la planta baja, son el mejor testimonio para conocer la parte de los pies del edificio. En ella vemos que se repetían los tres salones, aunque todavía con mayor independencia entre sí, puesto que sólo los comunicaba una pequeña puerta muy próxima a la fachada[10].

El destino que a fines del siglo XVIII tenían las diversas partes del monumento descrito lo declaran puntualmente los textos que ilustran los planos. La nave del crucero y las tres de los pies estaban consagradas en la planta baja a iglesia, y el tramo mismo del crucero servía de capilla mayor. El resto de la nave del centro en su planta baja y la totalidad del segundo piso eran enfermerías. Pero, además, en otros documentos del expediente se nos da cuenta de cómo funcionaba el Hospital en 1738, que, según el Arzobispo, era en la misma forma que lo dejó el fundador. Dice así, textualmente[11]:

> Ovando "fundo y fabrico el mencionado hospital como oy se ve assignando sus quartos y divisiones, para lo preciso de cada cosa. Sobre el cañón de la yglesia le fabrico

---

[10] *Planos de monumentos*, lám. 34, figs. 6 y 7.
[11] Para la completa inteligencia del texto transcrito téngase presente la lám. 33 de *Planos de monumentos*.

su sala alta en que coloco las camas de su dotasion n° 27, figura 1, quedando las colaterales de ropería y botica, n° *28,* para su preciso aseo, y asistencia colocando en el frente o medio de hasia dicha sala, un altar portátil, para la celebrazion del santo sacrificio de la missa, cuio beneficio lograron los enfermos hasta quando se dirá. En la mazeta de la escalera principal, que desenboca, o termina en la puerta colateral que cae al camposanto, vna sala o cobacha para tísicos, y en el lado opuesto una cosina alta y va ja.

Por el lado del Norte corrio sus vibiendas desde el muro de la yglesia, colocando sus separaciones de sacristán mayor, menor y enfermeros n° 29 hasta 32, cuio frente dan a la calle que desciende de San Francisco y en la que corre a la de Davila, vn salón en que admitiesen las pobres mugeres M dándole la capilla de Altagracia para el sacrificio de la missa, cortando dicha sala para formar capilla y dejando una reja corrida en los medios de su tabique para que cada vna desde su lecho pudiese asistir a la misa que se celebraba en ella".

Por tanto, antes de las innovaciones debidas al gran número de soldados que hubo que hospitalizar en 1739 y 1762, las naves laterales altas no estaban destinadas a enfermerías, sino a ropería y botica, y el altar portátil parece constar que se levantaba en el crucero. En ese último año de 1762 se techó por orden del teniente general la parte de la nave del centro situada al otro lado del crucero y se proyectaron nuevas salas, que no se llegaron a construir.

Una descripción[12] mucho más antigua, de 1568, se limita a decirnos que "el hospital quedaba dentro del recinto de la iglesia, arriba, en grandes salones correspondientes a las tres naves del templo".

En resumen, el Hospital de San Nicolás, aunque presente tres naves en uno de sus lados, creo que por sus restantes características

[12] La de Echagoian, publicada en la *Colec. de Docs. Inéditos,* que, según Utrera *(Dilucidaciones históricas,* 128), es de esa fecha.

es fundamentalmente de planta cruciforme, e incluye en su organización a la iglesia misma. Hechas estas dos observaciones, es fácil descubrir los modelos que se tuvieron presentes al trazarlo[13].

Los modelos seguidos en el monumento americano no debían de ser otros que los hospitales cruciformes de los últimos años de los Reyes Católicos, el Hospital Real de Santiago de Compostela, el de Santa Cruz de Toledo y, sobre todo, el de Granada[14]. Todos ellos, como es sabido, tienen relación directa con los Reyes Católicos, pues el primero y el último fueron de fundación real, y el de Toledo, aunque se debió a la magnificencia del gran cardenal don Pedro González de Mendoza, al morir éste dejó su testamentaría encomendada a doña Isabel. En esos tres hermosos hospitales españoles encontramos la disposición cruciforme, las dos plantas y la fusión del hospital y de la iglesia. La única novedad importante que respecto de ellos significa el de San Nicolás, es la presencia de las naves laterales y la falta de los cuatro patios que en los monumentos peninsulares ocuparon, o se pensó que ocupasen, los cuadros formados por los brazos de la cruz. Lo primero se debe, evidentemente, a una diferencia de criterio, pero la carencia de patios, si es que no se proyectaron, tal vez no denote sino la escasez de medios para emprender un edificio de tanto lujo como los modelos. De todos modos, esa disposición de tres naves dentro de la de planta cruciforme existe en el Hospital General de Valencia, que debió de comenzarse muy poco después de 1512, si bien las presenta, separadas por columnas, en cada uno de sus brazos[15].

Entre esos mismos modelos existen diferencias que dan margen a incluir en la serie, guardando, naturalmente, las distancias, al de Santo Domingo. Los de Toledo y Granada tienen sus dos naves

---

[13] De la idea que desarrollo a continuación se hizo ya eco amablemente el señor Noel en su *Teoría histórica de la arquitectura virreinal*, 146.

[14] Lampérez, *Arquitectura civil*, II, 267 y 271.

[15] Lampérez, *Arquitectura civil*, II, 278 y fig. 201.

del mismo tamaño, mientras que el de Santiago apenas se aparta de las proporciones de la cruz latina[16].

En cuanto a la sección, en Toledo y en Santiago, la techumbre del primer piso de las naves se detiene al llegar al tramo del crucero, formando un ojo de patio cubierto por la bóveda de nervios correspondiente al segundo piso, y, en cambio, en Granada ese tramo tiene dos pisos, lo mismo que aquéllas. El hospital de la antigua Isla Española resulta, pues, por la proporción de su nave transversal, análogo al de Santiago, y por su crucero de dos pisos se relaciona con el de Granada.

El hecho de que el Hospital fundado por Nicolás Ovando sea una consecuencia de los hospitales reales, es, por lo demás, perfectamente lógico. El famoso comendador de Lares, que si no lo construyó, debió de dar la idea de lo que deseaba, concibió aquel proyecto durante la primera década del siglo[17], es decir, en los días en que se planeaban y comenzaban a ejecutar, por inspiración directa de los monarcas, aquellos hermosos edificios, y parece natural que como persona criada en los círculos cortesanos tuviese noticia de ellos.

Aunque no sea ésta ocasión de averiguar el origen de los hospitales cruciformes, sí diré que no son tan típicamente nuestros, como se ha asegurado[18], pues se empleó ya en Italia durante el siglo XV[19]. Son testimonios de ello el de Santa María Novella, de

---

[16] Así, al menos, aparece en el plano publicado por Lampérez en su *Arquitectura civil*, II, 265, y no hace en el texto advertencia alguna en contra. El brazo, que sería el presbiterio en una iglesia corriente, sirve de sacristía.

[17] Según Lampérez (*Arquitectura civil*, II, 264), el de Santiago se comenzó en 1501, el de Toledo en 1504 y el de Granada en 1511.

[18] Lampérez, *Arquitectura civil*, II, 267.

[19] *Handbuch der Architektur. Krankenhäuser*, 6.

Florencia[20], y el proyectado por Filarete para Milán[21], donde elevó a nueve el número de los patios, desarrollando el mismo sistema[22]. El tipo de hospital cruciforme introducido en España por los Reyes Católicos, y cuyo primer eco al otro lado del Atlántico fue el de la Isla Española, dejó, sin duda, otras muchas huellas en el Nuevo Mundo, puesto que no llegó a abolir se en Europa hasta mucho tiempo después. Supongo que no faltarán en América del Sur, pero, desde luego, en Méjico puedo citar el proyecto, de 1781, de Hospital de Padres Belemitas para Veracruz[23] —la orden hospitalaria que tantos establecimientos poseyó en aquel continente—, y, sobre todo, el enorme edificio que en 1792 construyó a sus propias expensas en Guadalajara el célebre obispo castellano fray Antonio Alcalde[24]. En él vemos aparecer entre las naves que se cruzan en ángulo recto otras cuatro dispuestas diagonalmente, y entre unas y otras una serie de patios cuadrados, rectangulares y en forma de triángulo. Las transformaciones de los hospitales durante el siglo XVIII, hasta llegar al sistema de pabellones independientes de la centuria pasada, son interesantes, y sería curioso estudiarlas en relación con los establecimientos de beneficencia americanos[25]. Así, Sturm[26] en 1720, habla de ocho salas dispuestas en forma de estrella, y aunque todavía en 1786, es decir, por los años en que se construyó el hospital de Guadalajara, había quien preconizaba en Francia las salas radiales con un patio central[27], se

---

[20] Lo reproduce Cloquet, *Traité d'Architecture.* IV, 443.

[21] Sobre los hospitales italianos del Renacimiento véase Burckhardt, *Geschichte der Renaissance in Italien,* 1920, 225.

[22] Véase su *Trattato d'Architettura,* publicado por Oettin- gen en las *Quellenschriften für Kunstgeschichte und Kunsttech- nik des Mittelalters und der Neuzeit.* N. F. III (1890), página 334.

[23] *Planos de monumentos,* lám. 94. Véase también el de Caracas en la lám. 288.

[24] *Planos de monumentos,* lám. 95.

[25] Abundante bibliografía en Kuhn, *Krankenhäuser,* en el *Handbuch der Architektur,* y en Cloquet, *Traité d'Architectu- re,* IV, 452.

[26] *Volständige Anweisung offentliche Zucht und Liebesgebaude,* Augsburgo, 1720. Tomo II, dedicado a hospitales.

[27] *Enciclopedie de l'Architecture et de la construction,* V, 140.

encontraba ya muy lenta su ventilación y se aconsejaban los pabellones independientes.

El crecido número de obras publicadas sobre ese particular a fines del siglo XVIII demuestra lo crítico que para la historia de los hospitales fue el momento en que construyó el suyo el benemérito obispo castellano.

Arte en América, I (1935), 76.

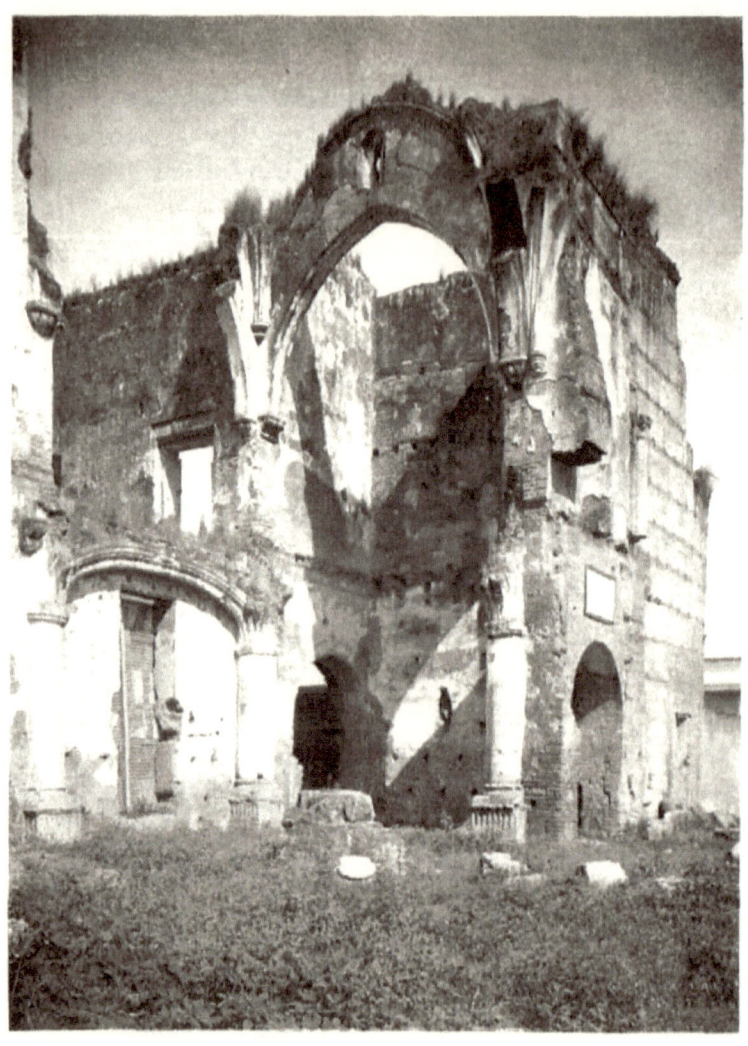

Ruinas del Hospital de San Nicolás de Bari.